家族野菜を未来につなぐ

レストラン「粟《あわ》」がめざすもの

清澄の里「粟《あわ》」
三浦雅之　三浦陽子

学芸出版社

はじめに

本書を手に取られたほとんどの方が、タイトルをご覧になられて「家族野菜って⁉」と思われたのではないでしょうか。それもそのはず、家族野菜とは僕たちが考える大和伝統野菜の本質を表す造語なのです。大和伝統野菜とは、奈良県で戦前から受け継がれてきた在来品種のこと。早くから伝統野菜のブランド化に取り組みその先鞭をつけている京野菜と異なり、大和伝統野菜のそのほとんどが、最近まで農家の方々が自ら栽培し自ら食する自給作物として受け継がれてきました。

約20年前に新婚旅行先のアメリカでネイティブアメリカンの文化に触れたことがきっかけで僕たち夫婦は奈良県の伝統品種を求める旅を始めることになったのです。そして初めて目にするのに懐かしく色彩豊かで個性的な姿と風味、そして物語をもつ、この大和伝統野菜に夢中になりました。

広く知られることもなく継承されてきた伝統野菜を探訪する日々、そこで出会えた農家の方々に教えをいただくなか、「なぜこの野菜をつくり続けてこられたのですか」という僕たちの質問に対して、異口同音に語られる「お金にはならないけれども子どもたちが好きだから」「手間暇かかるけど家族が楽しみにしているから」という言葉とその表情に、いつしか魅せられてしまうことになったのです。

その言葉から食べ物を育て、生きていく上で大切なことを教わり、大和の野菜は家族の喜ぶ顔を思い浮かべて育てられる家族野菜であることを知ることとなりました。

本書を執筆した最大の理由は、その家族野菜のエッセンスと可能性を伝えたいと思ったこと、そしてその機が熟したと感じたからです。

第1章では、僕たち夫婦がなぜ伝統野菜に魅せられてレストランを始めたのかというプロセスを。第2章では伝統野菜を訪ねる旅の中で教わったそれぞれの野菜の物語を。そして第3章では家族野菜が暮らし、食卓、地域を豊かにする可能性についてまとめました。巻末には大和伝統野菜を育てたいひとのために、種が入手できる店を紹介しています。

本書が、豊かになった日本の中で知らぬ間に置き忘れられたもの、あたりまえで大切なものを伝えるささやかな種火になるように願って。

２０１３年６月27日　20回目の結婚記念日に　三浦雅之

清澄の里の物語

「あ」～すべてのはじまり
「わ」～すべての調和
粟《あわ》　一粒万倍
大和伝統野菜が広がる
種火のような場所に
なりますように

いつもニコニコ
プロジェクトをあたたかく
見守ってくださる田の神さま

レストランの周りに
人気者ヤギの
ペーターファミリー
草食べる姿は風景に溶け込み
ゆったりとした時間を
演出してくれる

春になるとノビル、ウド、
タラの芽にコシアブラ、
山菜も里の恵みも
季節のご馳走に

種を蒔き、芽吹き、花が咲き、実り、種を採る
その営みの繰り返しが清澄の里の四季を彩る

色彩の鮮やかさ
独特の風味に食感
個性的なカタチ

初めてなのに懐かしい感じがする。
この感覚は大切なことに出会ったときにおこること

鮮やかで個性的な色彩や味わいを持つ伝統野菜は、
かつてを知る人にとっては懐かしく、
初めてそれを目にする人にとっては新しい野菜

旅する種——
いつかどこかで播かれた種、
いつか名も知らぬ誰かが蒔いた種
今日僕たちが蒔く種も
未来世代の手に向かって旅をしていく

大地の恵みに感謝!!

種を蒔き実りの楽しみを待つ時間、
自ら収穫する新鮮さ、
田畑で目にする景色や出来事も
家族野菜の隠し味

レストラン「粟」がめざすもの

家族野菜を未来につなぐ　レストラン「粟」がめざすもの・目次

1章

伝統野菜の種との出会いが、未来へのヒントをくれた

そこに、探していた答えがあった　色とりどりのとうもろこしの教え

僕が生まれたのは昭和45年、大阪万博開催の年。高度成長期のまっただなかに生を受け、気付けばちょうど人生の折り返し地点に立っています。もともと農家の生まれ育ちではない僕たち夫婦が、農に関心をもち、レストラン経営をする、その大いなるきっかけとなった半生、そしていくつかの「大切な出会い」の話から始めましょう。

「たんぽぽの家」での出会い

妻の陽子と出会ったのは、まだ十代の頃のことでした。

当時の僕は、高校を卒業して、地元である京都府舞鶴市を離れ、大阪の福祉の専門学校に通っていました。とくになにかになりたかったわけではなく、祖母と母が福祉施設に勤めていたご縁で進路を選んだという感じです。阿倍野に住んで帝塚山の学校に通っていたのですが、そろそろ学生生活も慣れた頃、仲のよかった友人が「やっぱり、現場も見ておいたほう

がいいよね」と誘ってくれ、それもそうだと一緒にボランティアで福祉の現場を覗いてみることに。友人と訪れたのは、いまも変わらず奈良市にある「財団法人たんぽぽの家」という施設です。

ここでの体験は、僕がそれまで勝手に思い描いていた福祉のステレオタイプなイメージをすっかり払拭してくれるものでした。福祉って、いまなおどうしても「重い、暗い、大変」なイメージがありませんか？　でも、この「たんぽぽの家」で僕たちは、障害を持つひとたちが、生き生きと明るく生きていらっしゃる姿を目の当たりにしながら、スタッフのみなさんにもかわいがってもらい、厳しくも決して「重い、暗い」ではない福祉の現実、現場というものを初めて知ることになったのです。

イベントも多い施設だったこともあり、楽しみながら福祉の現場を学べるとあって、週に2度のハイペースでこの「たんぽぽの家」に通ううち、夏祭りイベントで僕は衝撃的な出会いをすることになります。

いろいろなところでこの話をするたびに「笑わないでくださいね」と必ず念押しをするのですが、それは、ひと目惚れというやつです。まだ18歳で、結婚願望どころか彼女が欲しいとさえ思っていなかったような奥手男子だったのに、突然「これが恋というものに違いない！」とすっかり目覚めてしまったというわけです。

はじめのうちはてんで相手にされなかったくだりは都合よく省略するとして、この女性こそ、その後、公私ともに僕の人生のパートナーとなる陽子であることは、もうお察しの通り。ふたつ年上で、看護学校の学生だった彼女もまた、僕たちと同じようにボランティアでこの福祉施設へやってきていたのです。

そして実は、「たんぽぽの家」を通じて出会ったのは、生涯のパートナーとなる陽子だけではありませんでした。当時ここで顧問をされていた谷口明広さんに声をかけていただき、専門学校卒業後は、彼が所長を務めていた「障害者自立生活問題研究所」という民間研究機関に就職することになります。

福祉の現場で働いて感じたギモン

谷口さんは、生後まもなく重症黄疸のため脳性マヒにかかり、四肢及び体幹機能障害で車いす生活を余儀なくされながら、精力的に自立生活のためのプログラムの開発、バリアフリーの研究、講演やシンポジウムなどのため全国を飛び回っておられました。20歳の僕にとってはとてもやり甲斐のある仕事で、「これから大学に入り直して、研究者にならないか」というありがたい提案までいただいていたのですが、2年ほど勤めてみて、大きな疑問が浮かび上がり、頭の中から離れなくなりました。

つまりどういうことかというと、さまざまな福祉の現場を見るなかで、高齢者が要介護者になることを前提とした日本の福祉のあり方に疑問を持つようになったのです。

時を同じくして陽子もまた、勤めていた総合病院で辛く苦しみながら迎える人間の最期を何度も「看取る」経験をしながら、同様の疑問を抱いていたので、若くて経験がないなりに、ふたりでこの問題について話し合うことが多くなりました。自分たちがやっていることは、社会に必要なことであることは間違いない。でも、これって対処療法なんじゃないだろうか、いつまでも健やかに暮らせる選択肢を自分で選び取ることはできないのだろうか、ほかにアプローチの方法はないんだろうか、と……。

いまの僕たちには、それを「予防福祉」と表現する知識と経験があります。でも、当時はそんな言葉も知らないまま「でも、きっとなにかあるはず」という、根拠のない確信のようなものに突き動かされていたような気がします。

アメリカでの出会い

そんなタイミングで僕たちは結婚し、「新婚旅行は医療や福祉の見聞を広げる機会にしよう」と、ふたりでアメリカへ旅立ちました。22歳の7月のことです。

ところが、さすがに若いなあと思うのは、そんな仮説を立てておきながら僕たちが向かったのは、制度、法律、テクノロジーで障害者福祉の最先端と言われたカリフォルニア州バークレー市。福祉に疑問を抱きながらも最先端の現場を見に行くなんて、どう考えても矛盾しているのですが、これがいわゆる若気の至りというやつなのでしょう。

計算され尽くしたバリアフリー環境、福祉機器の先駆的なテクノロジー。科学と法律と都市計画が支えとなり、障害を持っているひとが自立生活できる「夢の街」バークレーに降り立った僕たちを迎えてくれたのは、テッチャンこと今井哲昭さん。以前、谷口さんがバークレーに滞在されていた際のルームメイトだったというご縁で紹介していただいたのです。

1日目の夜、新婚旅行だからと奮発した高級ホテルに無事宿泊し、さて「テッチャン、明日はどうしようか」と相談したら、「そうだなあ。とっておきのところへ連れて行ってやるから、とりあえず寝袋を買いに行け」と、とんでもないことを言う。驚く僕たちに「心配するな。ちゃんとご所望のバークレーは案内してやるから」と、テッチャンは確かに3日ほど街を案内してくれたのですが、4日目に「よし、そろそろ行こうか」とひとりごとをつぶやくなり、車をどんどん走らせる。いまのようにスマホもGPSもない時代で、自分たちがどこへ向かっているのかも、何キロ走ったのかもさっぱりわからないまま、連れて行かれたのはシンキオンというアメリカ先住民族（ネイティブアメリカン）の集落。最先端の街・バークレーの高級ホテルから一転、まさに寝袋生活の新婚旅行が始まったのです。

こんな風に書くと、テッチャンがずいぶんな悪者のようですが、もちろんそんなことはありません。大学卒業後、土木エンジニアとして大手建設会社に勤めていたテッチャンは、開発・開拓側から一転してヒッピーとなり、先住民族の文化を保護・支援する活動に長年携わることになったひと。映画「イージー・ライダー」よろしくハーレーを乗り回し、舞踏家・大野一雄の弟子でもある、とにかくカッコイイ兄貴でした。

その集落でもテッチャンはしっかりと信頼されていて「テツアキの友人」として、僕たちもとても丁寧なもてなしを受けました。

ゲストである僕たちふたりには、ティピと呼ばれるテントのような家を与えてもらい、集落での生活が始まりました。集落の中心にはラウンドハウスという円形の大きな木造の家があって、複数の家族が集まり、会議をしたり泊まったりする公民館的な役割を果たしていました。

計8家族の構成員である、やんちゃな子どもたちと、働き盛りの成人、そして生涯現役で農作業にたずさわり、コミュニティの知恵袋として大切にされている老人。このなかに身を置いて暮らすうち、「おや、ここには僕たちが関わってきた医療や福祉の必要がないぞ」ということに気付くのです。つまり、集落にお年寄りはいるのに、要介護者がひとりもいないのです。

思えば、「福祉のアプローチの可能性」を探し始めていた僕と陽子に、テッチャンが真正面から答えを見せてくれたのかもしれません。

「キミたちが探し求めているのはコレじゃないのかい?」

いまでも、このことを思い返すと感謝で胸が熱くなります。

トウモロコシの教え

制度、法律、テクノロジーではない福祉のあり方のひな形のような、健やかな暮らしを体験することになったこのネイティブアメリカンの集落で、最後に出会ったのが、トウモロコシでした。ラウンドハウスのなかに干してある、色とりどりのトウモロコシをはじめは装飾

だと思っていたのですが、あるとき、

「マサ（僕はこう呼ばれていた）、これはトウモロコシの種なんだよ」

と教えられて、直感的に「大切なのは、これに違いない！」と思ったのです。

彼らにとって、トウモロコシは主食であり、作付け、収穫がすべての儀式の中心。日本人にとってのお米と同じです。集落のコミュニティは、トウモロコシを共同で育てることで成り立っているし、女性たちは母から娘へとトウモロコシ料理の食文化を継承する。コミュニティという横軸と世代という縦軸を横断して、ひとつの文化を共有する核のところに「先祖代々受け継がれたトウモロコシの種」があるのだと気付いたのです。


こうして、理想の暮らしのひな形のなかで、中心にあるのはどうやらトウモロコシの種だ、ということに気付いた僕たちは、では、日本でトウモロコシに当たるものは何だろう。と自分たちの足もとを見つめ直すことになりました。「日本のむかしって、どうだったんだろう」と。そうやって考えていくうち、農家ではないけれど田舎で生まれ育った陽子の子どもの頃の家族の記憶がよみがえってきました。「お嫁入りのときに種を持ってくるって聞いたことがある」「そういえば、うちでもおばあちゃんが種採りをしていたわ」。つい最近まで僕たちの身近にあったはずの「農」。答えは「農」的な暮らしの中にあるんじゃないのか、というところに行き着くのです。

「日本に帰ったら、まず農業を勉強しなくては！」

あのバークレーの高級ホテルの夜から約２ヶ月後、僕たちは新しく芽吹き始めた気持ちとともに、日本に帰国することになりました。

2 農業がやりたい　日本のむかしを訪ねて、ローカルを巡る

とにかく、農的暮らしを実践してみよう。

日本のむかしのことを知ろう。

そう心に決めて日本に帰ってきた僕と陽子がそのとき描いていた「農」とは、専業農家さんのそれではなく、双方の生まれ育った実家でやっていた家庭菜園の延長のようなイメージ

だったように思います。

よく考えてみれば、ロハスだとかなんとかという概念以前に、もともと日本人は自然と付き合いながら農的な暮らし、自給生活をしていました。それが昭和38年に農業基本法が制定されて、工業化が進められ、効率重視になり、つくるひとと食べるひとに分かれるようになってきたわけです。たった30年か40年遡れば、そこにたしかに農的暮らしがあったはずなんです。

農業への第一歩、赤目自然農塾

アメリカから帰国して、とりあえず決心通り「農業に興味が湧いてきて」と、あちらこちらで口にしてみたら、なんと1週間のうちに6人もの知り合いから相次いで「赤目自然農塾」という農業塾を紹介されました。

農業のことをそれまで何ひとつ知らなかった僕たちに知る由はなかったのですが、言わずと知れた自然農法の実践者、川口由一さんが主宰なさっている赤目自然農塾。「耕さず、肥料・農薬を用いず、草々・虫たちを敵にしない」自然の営みに沿った農を実践しながら、三重県と奈良県の県境、室生、赤目、青山国定公園の山並みに囲まれた静かな山の棚田を「学びの場」として開かれています。これほど周囲のみんながいいと言うなら、1回は見に行かなくてはなりません。

理由はもうひとつありました。赤目自然農塾では、自然農を学びたいひとに、無料で農地を貸し与えてくれるのです。僕の実家の舞鶴も、陽子の実家の東吉野村も、当時住んでいた奈良市内からは少し遠いし、Uターンするという選択肢は現実的ではない。ほかにツテは思い当たらない。でも、なんといっても農業をやるには土地がいる。なにはともあれ、無料で農地が借りられるなら……はじめはそんな失礼な軽い気持ちでウワサの赤目自然農塾へ足を運びました。

赤目自然農塾の様子。種を蒔いているのが川口由一さん。

行ってみれば、「川口さんのもとで農業を学びたい」「自然農法を習得したい」という熱意に満ちたみなさんが何十人もいらっしゃいます。そんななかで僕たち夫婦は、農地が借りられるということに加え、野菜の育て方の指導もしていただけるということをきっかけに参加していました。

ただ、その後、私塾用の農地ではなく、桜井市で自然農法を実践されている川口さんの田畑を実際に見学に行ったときに、そこに広がる光景を見てとても感銘を受けたことはまざまざと覚えています。田舎育ちの僕が子どもの頃に夢中になった虫たちがいっぱいいて、あの頃遊んでいた公園を思い出したり、田舎と同じ空気を感じたり。生物多様性に満ちたその田畑のなかに身を置いてみると、みるみるうちに「自然農法って、いいかもしれない！」という気分になっていったのです。

そんな経緯を経て、赤目自然農塾で30坪の棚田を借り、仕事の合間を縫って2年間、「赤目自然農塾」に通うことになりました。このときの川口さんの教えは、いまでも大切な財産となっています。

友人を訪ねて、全国貧乏旅行

結婚と長期新婚旅行を機に、陽子は勤めていた総合病院を寿退社。看護師としての資格を生かして契約で働き、僕もまた「障害者自立生活問題研究所」での働き方を変え、パートタイマーとして再契約してもらっていました。

そうやって最低限の生活費を稼ぎながら、週末ごとに「赤目自然農塾」へ通う日々。さらに少し金銭的余裕ができると、どこまでも車を走らせ、全国の友だちを訪ねては2週間ほど泊まり込み、それぞれの地域の農村を案内してもらって調査を重ねていました。

調査と言ってもリサーチシートを用意して「つくっているのはどのような野菜ですか」「自家採種はどのように続けてこられましたか」「近くで育てておられるほかの品種は何ですか」と質問するような類いのものではなく、メモも持たずにご縁のあった農家のおじいちゃん、おばあちゃんを訪ねて話を聞いては、それを頭に入れてうちへ戻ってから整理する。そんな方法でした。

「見ず知らずの若いモンが、ホンマにこんなことに興味があるんか」とはじめはたいてい訝しげなお年寄りたちも、幾度か通ううち、こちらに悪意がないとわかると、「これ、食べてみるか？」と自慢の野菜を食べさせてくれるようになります。鮮やかで個性的な色彩や味わい、そして独特の風味を持つ伝統野菜は僕らがこれまで食べてきた野菜とは全然違う。そのことを素直に言葉にすると「そうやろ。実はな……」と、自然とその品種や調理方法のコツ、そして自家採取について教えてくださるのです。

「日本のむかしのことが知りたい。」

そう思った僕と陽子が訪ねたのは、熊本県阿蘇の産山《うぶやま》村、大分県の高千穂地方、そして奈良県全域におよびま

これまで見たことのない野菜に出会い、女性の方には食べ方まで教わることもあった

した。縁を頼りに、換金作物ではない伝統野菜が残っている地域を探して旅をしました。

注目したのは、伝統野菜と伝統芸能、そして集落機能との関わり。そこに暮らすひとたちは、どのような価値観で伝統野菜を育てているのか。農業、伝統文化、種、伝統芸能、生物多様性、集落機能、生涯現役、伝統野菜……。見聞を重ねることで、さまざまなキーワードがゆるやかにつながっていきました。

そうして見えてきたのが、「伝統野菜の復興」という目標でした。

3 宝物が、たったの9つ？ 奈良は僕たちにとって真っ白なキャンバスだ

本気でなにかを成し遂げたい、知りたい、学びたい、と思ったとたん、ふと情報が向こうからやってくるような……そんなラッキーな経験ってありませんか。おそらく、自分がその「なにか」に対してアンテナを張っているから、昨日まで見えなかったものに「自分が」気付くだけなんだとは思いますが、理屈ではわかっていても、その瞬間はとてもワクワクするも

のです。

奈良の伝統野菜を知る足がかりを見つけた！

新婚旅行から帰国して、赤目自然農塾に通い始める前のことです。奈良県内をドライブ中、「農業情報・相談センター」という大きな看板が、僕と陽子の目に飛び込んできました。これまでに何度も通ったはずの道なのに、初めて気がついた看板。「陽子、僕らの探しているものはここにあるんじゃないか？」と、迷う理由もなく車を停め、心を踊らせて、その施設へ足を踏み入れてみることにしました。

「奈良の伝統野菜について、教えていただけませんか！」

アポなしで突然やってきた僕たちに、窓口で対応してくれた県職員さんは、相当びっくりされていたようでした。それもそのはず、「農業情報・相談センター」は、新規就農するひとのために情報提供をする奈良県農林部の相談機関。たいていは「農業を始めたいので、つきましては農地を斡旋してください」といった相談をしに行くところなのです。

それでも、そのとき対応してくださった主任研究員の青木浩久さんは、「なにか資料を探してみましょう。しばらく待っていてください」と、飛び込みかつ突拍子もない僕たちの相談に、少々訝しがりながらも丁寧に付き合ってくださいました。

このとき青木さんが探し出してくれた資料によると、奈良県農林部では、平成元年に「京都の京野菜に対抗して大和野菜も盛り上げよう!」と、県の伝統野菜の選定を行い、プロジェクトとして産地化を支援したことがあったそうです。

このときに候補とされたのは、雑煮大根(現在の祝だいこん)、宇陀金ごぼう、丸なす、ひもとうがらし、大和まなの6品目。また、農業技術体系からは奈良県の地方品種として、花丸きゅうり、大和三尺きゅうり、黄マクワウリ(現在の黄金まくわ)、大和スイカ、丸なす、大和いも、今市カブ、茎レタス、ホウレンソウなど。

これらの品種のなかから、曖昧ながらも「奈良県の農家が、他府県とは異なるか、他府県にない野菜の育種、栽培を行うことによって食生活や食文化の継続につながった野菜」といった定義のもと選定された、大和いも、大和まな、大和スイカ、大和三尺きゅうり、黄マクワウリ、今市カブ、宇陀金ごぼうの7品目に、奈良漬用のしろ瓜と小豆の一種である宇陀大

当初の大和伝統野菜９品目

大和いも

大和まな

大和スイカ

大和三尺きゅうり

黄マクワウリ

今市カブ

宇陀金ごぼう

しろ瓜

宇陀大納言小豆

納言を加えた合計9品目が、当時農業試験場によってリストアップされていた大和伝統野菜なのでした。

ないから諦めるのではなく、「ないなら探そう」

ここで少し、奈良の農業についての話をしましょう。

奈良のお隣には、京都と大阪という二大消費地があるため、古くから商品作物の需要がありました。すなわち、一般消費者のために、農協などの大きな流通を使って市場《しじょう》が求める作物をつくることに心血注いできたという歴史があるのです。市場流通のために効率的につくることができ、また効率的に出荷できるよう品種改良された作物が求められ、県と農協はそういった品種を長年にわたって推奨してきました。とくに生産性の高い奈良盆地では、伝統野菜が必然的に換金性の高い、新しく品種改良された野菜に移り変わっていったというわけです。

けれど、そんな事情はまだまだ知らない当時の僕と陽子。

遠く彼方のアメリカで「これこそ宝物だ！」と思った伝統野菜が、奈良にはたった9品目しかないなんて……。ブランド化に成功している京野菜は絶滅したものを含めて40種、福井の伝統野菜だって約30種もあるというのに!!

Ａ4の紙一枚にごく簡単にまとめられた資料を目の前に、あからさまに落胆した僕たちを見て、やさしい青木さんが館長の飯田明美さんを紹介してくださいました。奈良の食文化をまとめた『聞き書 奈良の食事』の共同執筆者のひとりであり、のちに女性で初めて奈良県農業大学校の校長になる方です。

僕たちと青木さんの話にひと通り耳を傾けた彼女は、こう言いました。

「そら、がっかりしたやろうね。でもこういう事情やから、落ち込むことはあらへんよ。県が把握できてへんだけで、実は大和には伝統野菜はたくさん残っていると思う。いっそのこと、奈良は真っ白なキャンバスやと思って、あんたらが奈良の伝統野菜を探してみては」。

目からうろことはまさにこのこと。アネゴ肌な飯田さんのその言葉に、ポンッと背中を押されたような気がした僕たちは、「ああそうか、僕たちが探せばいいのか」と、瞬時にして前向きに立ち上がる勇気を授かることになります。思い返せば、サッカーに夢中になっていた小学生の頃も「サッカークラブがなければ自分でつくればいい」と単純に考える子どもだったので、僕自身が根っから超単純思考のタイプなのかもしれません。

あのひとことがなければ、僕たちは前に進める道があることに気が付かなかったかもしれないと思っています。当の飯田さんは、後ほど「ホンマにやるとは思わへんかったけどなぁ。よく頑張ったね」と、嬉しそうに笑ってくださるんですけれど。

「伝統野菜は宝物」というキーワードを見つけたばかりの僕たちは、こうしてまるで隠し絵のように目の前に現れた「農業情報・相談センター」の看板と奈良県農林部の飯田明美さんの言葉に導かれ、「(奈良の伝統野菜を)探しながら(農業を)学ぶ」ことを始めたのです。

いのちを育み、未来につなぐ種について

「在来・固定種」と「F1種」のこと

僕たちが大切に守っていきたいと思っている「伝統野菜」とは、世界各地で古くから栽培・利用されてきた野菜の在来・固定品種のことをさします。地方野菜、地場野菜と呼ばれることもあり、化学の力を使った開発の行われていない、「自然な状態の種」から育まれます。

これは、何代も種を採り、育てるといった自然な育種をしていくうちに、自然とその地域の風土にあった野菜の個性が定着し、遺伝的性質が固定していったもの。育成時期や形、大きさなどがそろわないこともありますが、自家採種でき、翌年その種を蒔けば、同じ野菜を育てることができます。昭和30年代頃まで日本で生産・販売されていた野菜のほとんどは、この「在来・固定種」で、その種から日本の食文化が生まれてきたのです。

一方、現代のほとんどの市販野菜は「F1種」に席巻されています。こちらは、バイオテクノ

ロジーの技術を使い、特定の特質を持たせることを目的として「意図的に育種」された種のこと。「F1」とは生物学用語で「first filial generation」、交雑によって生まれた第一代目の子を意味し、日本語では「一代交配種」と言われます。「日持ちがする」「発芽がそろう」「抵抗力が強くて収量が見込める＝換金性が高い」など人間の都合を実現した品種改良をされていますが、そういった優秀な実力を持つのは一代限り。次世代からはその優れた品質を均一に保つことができないので、同じクオリティのものをつくり続けるためには、毎年「新しい種を買う」必要があります。

いのちを育み、未来につなぐ「種」を見つめなおしたとき、僕たちが担うべきは、失われつつある地域の文化遺産ともいえる「在来・固定種」を受け継ぎ、その隠れた魅力と役割に光をあてることだと思っています。

今日まで在来・固定種を継承してきたのは、おもに昭和30年頃までに生活文化として、自家採種を行ってきた経験をもつ世代のみなさんです。しかし、彼らが高齢化を迎える現在、食文化まで継承する時間は、それほど多く残されているとは言えません。多様性に満ちた持続可能な未来を考えるとき、また家族の食卓を見つめなおしたとき、「今」の大切なテーマとして、多くの地域で取り組んでいかなければいけない課題だと思っています。

4 師、現れて、奈良に根をおろす

足もとを見つめる活動のはじまり

赤目自然農塾で農業を学びながら、伝統野菜の聞き取り調査をしていた頃の僕たちは、奈良市内のアパートに住んでいました。まだそんなにたくさんの種に巡りあうこともなく、普通の住宅街なので庭に小さな畑をつくることも叶わず、自宅の前にプランターをいくつか並べて、少しずつ手元に集まる全国各地の種を育てていました。

とはいえ、最後の頃には、大家さんのご好意に甘えつつ、敷地をはみ出す勢いでプランターの数がどんどん増えていくことになるのですが……。このとき、熊本県阿蘇の産山村から種を8粒いただいて育て始めた

ずんぐりむっくりした形が愛らしい「地きゅうり」

地《じ》きゅうりは、思い出深い野菜ベスト5に入るほど、僕にとって愛おしい野菜です。

ここは、ひとが集う〝種火〟のような場所になる

アメリカから帰国後すぐ、さまざまなご縁に恵まれながら「種を探しながら農業を学ぶ」日々が2年間ほど続きました。その頃になると、塾生がどんどん増えてきた赤目自然農塾を卒業し、もっと近くに自分たちの畑を持ちたいと思うようになりました。

そんなときに再会したのが、元同僚の堀内結さんです。2年ぶりの再会は共通の友人の絵画個展でした。

お互いの近況を報告しあうなか、30坪の農地を借りて農業を学んでいるという話をしたら(奈良県では1500坪の農地を耕作することで農家として認められる)、彼がキョトンとした顔で「遊びか?」と笑います。いやいやそういうわけじゃないんだけども、こういう事情で……、とさらに僕の思いの丈を語るうち、「そんなことなら、うちの敷地に遊休農地がぎょうさんあるから、なんかやるか?」という提案を受けることになります。そのとき初めて知

ったのですが、彼の先祖は庄屋さん、つまり村の長、大地主さんだったのです。なるほど、「30坪の農業」がお遊びに聞こえたのも、仕方がありませんね。

堀内さんのお家は奈良市の高樋《たかひ》町という市街地近郊の中山間地域でした。つまりこれが、僕たちと清澄の里とのご縁のはじまりです。

さぁ、これまで通っていた赤目よりグンと近い場所に田んぼを借りて、憧れの農業生活のスタート！

新しい田んぼで週末農耕ライフを満喫していた僕たちに、堀内さんから、あらたな相談がありました。田んぼの少し先に、荒れ果てて手つかずの遊休農地がある。荒れすぎるとご近所迷惑にもなるから、仕方なく年に2回程度、業者に頼んで草刈りをしてもらっているんだけれど、せっかくだからこの作業も三浦くんたちにお願いできないだろうか……。草刈り機を扱うことさえ、興味津々で楽しめた時期。ふたつ返事でアルバイトを請負いました。

そのむかし茶畑だったというその場所は、40年もの間放置されていたために、年2回の草刈りで手入れしていたとはいえ、煤竹の根がはびこるうっそうとした薮と化しています。ふつう、こんなややこしい場所の草刈りを頼まれたら、「これは手強いぞ!」と思うところなのでしょうが、僕の場合はちょっと違いました。腕まくりをして、自慢の草刈り機のスイッチを入れて、果敢に草刈をしているときのことです。

たんぽぽの家の夏祭りで、妻の陽子に初めて出会ったときのひと目惚れ以来、人生2度目の「直感」が、またもや「ビビビッ」と反応したのです。

「ここは、ひとが集まる〝種火〟のような場所になる!」

背丈2~3メートルの煤竹が茂るうっそうとした薮のなかで、なんの根拠もなくそんなふうに「感じてしまった」僕は、草刈りが終わったときには迷うことなく「この土地を貸してもらえませんか?」と申し出て

開墾初日

いました。農地は持っているけど、農業をやるつもりのない彼と、農業をやりたくて仕方がない僕との見事なマッチング。お互い大喜びで、契約成立です。

このとき貸してもらった場所が、いま、「レストラン粟」がある場所。

そうして僕たちの開墾生活が始まりました。僕たちのなかでは人生の次のステップとして「拠点づくり」という構想がムクムクとふくらんでいくのです。

学ぶ準備が整ったとき、師が現れた

世界のさまざまな国に「弟子が準備できたときに、師は現れる」という至言があると言いますが、少しずつ時間をかけて、学びと実践をくり返していた僕たちの前に現れた「師」が、開墾地のお隣に住む鳥山悦夫さんでした。

「いまやから言うけどな。『いよいよ、うちにも来たんか！』と思ぅとった」

いまでも笑い話として、たびたび鳥山さんの口から飛び出すこのセリフ。

いったい何のことかというと、当時、世間では新興宗教団体の反社会的活動が大きな話題になっていて、日夜報道番組などに取り上げられ、お茶の間を騒がせていたのです。週末になると知らない若者が現れ、朗らかに隣の土地を開墾し始めたのをみて、「オウムかと思ったぞ」というのです。それは大げさだとはいえ、「いったい何が始まったのか⁉」と、相当訝しく思っていたのでしょう。

「まぁちゃん（妻の陽子は僕のことをこう呼ぶ）、あなた、地元の方たちにずいぶん怪しまれてるわよ」

同じ奈良の山間地で育った陽子はそういったことに敏感で、しっかりと忠告してくれるのですが、みなさん顔を合わせれば近所のひとたちは笑顔で声もかけてくださっているし、僕はちっとも気付かないまま幾度かの週末をその地で過ごすことになります。

鳥山悦夫さん

「当時、田んぼに若い子らがたくさん来ていたときに、相当勉強しとるんかなぁと思ぅてしばらく遠目に見とったんやけど、鎌で刈り取って左手に持った稲を、ご丁寧にわざわざ身体の右側に並べとる。こりゃあ、ずぶの素人や。見るに見かねて、思わず声をかけたようなもんやな」

これが、いまにして聞く当時の鳥山さんの本音。空気が読めずにいたのは、やっぱり僕でした。

ヒョロリとして、見るからに腕力もなさそうな若造が、きのうまで荒れた竹藪だった、なんの魅力もない土地をスコップひとつで耕し始め、「開墾してます」なんて、そりゃあ怪しい。でも、空気が読めない僕は、声をかけてもらったことがただうれしくて、自分が怪しまれているなんてつゆとも思わず、鎌の使い方からはじまり、畑のことについて鳥山さんにどんどん教えを乞うようになっていました。

「なんやかんや話しとるうちに、いつの間にか信頼し合える間柄になっとったなぁ」

シャイな鳥山さんは、いまでもそんな憎まれ口をいいながら、変わらず僕たちを見守り、ずっと応援してくださっています。

最高級の粘りを持つ里芋「烏播」

プランター菜園をしていた頃に阿蘇の産山村から種をいただいて、ひき続き育てていた地きゅうりは、僕たちにふたつのとても大切なことを教えてくれました。

出荷・流通させるには少ないと言われる収量でも、自家消費する分には足りるくらいの収穫は見込めること。もうひとつは、いつか誰かがこんな風に県外から在来種を手に入れて別の地方に根付かせることで、遠く新たな地方に伝播する伝統野菜もあるということ。思えば、嫁入りや引越しの際にひとと一緒に、種は旅をして広がってきました。

驚いたことに、鳥山家にも、そんなルーツを持つ在来品種があったのです。

「うちのオヤジは、なんや胸やけがすると言うて、ほかの里芋を食べへん。けど、ウーハンだけはなぜかスルッと喉を通るというので、つくり続けてるんや」

ウーハン？　鳥山さんが口にした、聞いたことのない野菜の名前。じゃがいもにメークインや男爵と品種がいろいろあるように、どうやら里芋にもいくつか種類があるらしい、と知ったのはこのときが初めてでした。「三浦くんも、食べてみるか」とすすめられていただくと……これまで体験したことのない山芋のような粘りがあって、ほんとうにオイシイ！

烏播。これぞまさに、県が発掘していなかった奈良の伝統品種！　僕たちが探していた「地域の宝物」です。

聞けば、お父さんが植木屋さんで、品種を正確に覚えていらしたんだそうです。植木屋さんって、たとえば同じ椿でもいろいろな品種をきちんと理解、把握されている職業ですからね。

調べて見ると、界隈にはほかにも10軒ほど、烏播をつくり続けている家族があったのですが、烏山家以外のみなさんは「里芋」または「泥芋」と呼んで「あたりまえに」食べていらっしゃったので、それが実は特別な品種だと気付かれにくかったのかもしれません。

いろいろと聞き取りをしつつ、さっそく『奈良県の農業100年史』を紐解くと、たしかに奈良の山間の推奨品種と記載されていました。年代もいまから70年ほど前ということで、烏山さんの記憶ともぴったり合致しています。

烏播は 70 年以上前の奈良県の推奨品種。黒い茎が特徴

卵型の小芋の粘りは最高級

こんなにおいしいのに、なぜ注目されなかったのかというと、晩生だということが考えられます。市場流通では、旬を先取りする早生のほうが重宝されて、作物が豊富に出回った後に収穫期が訪れる晩生の品種はどんなにおいしくても高値では売れない。つまり、商売には不向きというわけです。

ですが、耐乾性があり、中山間地域での栽培に適した品種である鳥播は、その食感を愛する一部の農家によって自給用として細々とつくり続けられていたのだと推測できます。

ほかにも鳥山家で大事に育てられていた種のなかには、大和まなやどいつ豆などもあり、鳥山さんとの出会いが、知られざる「奈良の伝統品種の種」に次々と出会っていくきっかけになるのです。

「そやけどこんなことは、どこにも書いてない話で、むかしのひとも覚えてへんことが多いからな。いなかのオッチャンのたわごとと聞き流さず、ワシの覚えとることに耳を傾けては、いろいろと調べてきてくれるのはありがたい」

鳥山さんはこんな風にほめてくれますが、地域の伝統野菜に強い関心を持ち、それを探していた僕にとって、彼の話はひとつひとつが貴重なものでした。

そんな鳥山さんには畑や種のことだけでなく、村のしきたり、地域コミュニティについてもたくさんのことを学ばせていただくことになります。信頼できる価値観を持つ鳥山さんから紹介していただいて訪ねてみたところには、行く先々に伝統野菜の種があるんです。

全国を巡って探していた宝物が、まさに足もとにあった！

ひろく浅く伝統野菜の調査を重ねた日々から次のステップへ。僕たちは、良き師と出会うことで迷うことなくこの清澄の里に根をおろすことになったのでした。

5　おいしい笑顔が集まる場所　農家レストラン「粟」の誕生

僕たちの初めての応援者、鳥山悦夫さんに出会い、また、彼のまわりのひとたちと出会うなかで、僕たちの手もとに、少しずつ「種」が集まってくるようになりました。そうなると、ちょっと「こわいな」という感覚が芽生えます。なにしろ、「宝物」である稀少な種を預かっているのですから。「うまく育てられなかったらどうしよう」、その責任感やプレッシャーといえばうまく伝わるでしょうか。

そこで、任意団体を立ち上げ、県から後援してもらい、奈良では初めての「伝統野菜の種の交換会」を開催するようになります。いわゆるリスクヘッジです。これを毎日新聞が大きく取り上げてくださって、また多くの方とのネットワークが広がっていくことになります。

いまでこそ「伝統野菜をつくりたい」という方から1年に何百件も電話がかかってきますが、その当時は伝統野菜に興味を持つひとがどれほどいるかもまったくわからず、まさに手探り状態。「万が一、うちが次の種採りに失敗しても、仲間のどこかで成功してしっかりと種が受け継がれていきますように」との思いをこめ、年に2回の開催で、参加者とゆるやかなネットワークをつくっていきました。

レストランでいこう！

荒れた竹藪だった僕たちの畑は「3年で開墾を完了する」とあらかじめ計画していて、実際にその頃になると、現地調査で集まった伝統野菜の種を栽培保存しながら、少しずつ野菜を収穫できるようになっていました。

夫婦のライフワークと決めた「伝統野菜の復興で地域づくり」プロジェクトは、いよいよ次のステップに進むタイミングを迎えます。

そのための第一の方法として考えていたのはＮＰＯ法人の立ち上げでした。

けれど、妻の陽子がある日、こんなことを言うのです。

「レストランの開業も、選択肢に入れられないかしら？」

いわく、ＮＰＯだと、地域づくりや文化の継承に興味があるひとにしか足を運んでもらえないかもしれない。それよりももっと、間口を広くして、老若男女たくさんの方に来ていただけるきっかけをつくりたい。そのためには、レストランが最適なのではないか――。

実はそれより少し前、種の交換会を開催するにあたっても、彼女は同じことを僕に提案してくれていました。

「まぁちゃんのように、文化のために種を守りたい！っていうひとは少ないと思うの。やっぱり、食べておいしいから、また来年のために種を採りたいって思うんじゃないかしら？お料理を食べてもらって、調理方法も一緒にお伝えするというのは、どう？」

これには、交換会のときに少しだけ料理やレシピを提供して、参加者にとても喜んでいただいたという経緯があったのです。

ＮＰＯでうまくやっていくプランはじゅうぶん固まっていたし、「商売」は僕らのいちばん苦手とすることであったはずなのに、このときの陽子のひとことが、なぜか僕にもストンと腑に落ちて、「そうだ、レストランにしよう！」と、次のステップを決めることになりました。平成11年の冬のことです。

とはいえ、僕たちが「根をおろす」と決めた清澄の里は、奈良市中心部から離れた郊外にあり、飲食店にはきわめて不利な立地です。それを心配した周囲の友人や知人たちは「ここまでお客さんに来てもらうのは難しそうだから、諦めたほうがいいのでは……」と異口同音にアドバイスしてくれました。

それもそのはず。僕が28歳、陽子は30歳で、夫婦ともども飲食店未経験者。個人で携帯電話を所有しているひともまだまだ少なくて、インターネットもまだ十分に普及しておらず、いまのようにネットによるクチコミや宣伝も見込めません。紅葉の時期ともなれば、近くの正暦寺《しょうりゃくじ》へ観光に訪れるひとたちが増えますが、それも年にたった20日間のこと。普段は、バスの本数も数えるほどで、通行する車のほとんどが通勤のための自家用車。飲食店舗の立地としては、どれをとってもマイナスの条件ばかりで、商売がうまくいく勝算は、はっきりいって「ゼロ」！

しかし、当の僕たちには「ここは、ひとが集う場所になる」という、根拠はないけれど決してゆらぐことのない確信とイメージがあります。みなさんのアドバイスもどこ吹く風と聞き流し、平成13年の1月5日をレストランの開業日と定めて、全力で準備を進めていきました。

ありがたかった、メディアの力

まだ少し開墾作業が終えられていなかった土地を耕したり、メニューに使う伝統野菜を吟味・セレクトしたり、パンフレットをつくったり。

目標が決まったら、やるべきことはたくさんあります。

なかでも最初期段階で大きな課題だったことがふたつ。それは、「すべての素材を自家菜園でまかなうことは無理そうだ」ということ、それと「料理は誰がつくるのか」ということ。

でも、このときの僕たちには、目に見えぬ追い風が吹いていました。

ひとつめの野菜づくりに関しては、お隣の鳥山さんはじめ、懇意にさせていただくようになっていた地元の方々から「お店をやるなら、足らない野菜は育ててあげるよ」と、ありがたくて、たのもしい力添えをいただいて、目途が立ちました。

ふたつめの料理については、ご縁のあった木下喜美先生の指導を受け、陽子自身がトライすることになりました。もともと料理が好きで、よく手料理で友人たちをもてなしていたものの、お店としてお客様に提供するのはまた別の話ですから、1年間しっかりと先生に付かせていただいて、料理の基本を学びます。ここで学んだ懐石料理の基本に、伝統野菜のつくり手のみなさんから学んだ郷土食の知恵のエッセンスを加えて、いまのレストランのメニューの基礎ができあがったのです。

そしていよいよ、開店準備も大詰めを迎えた年の瀬。師走のある日、のちにお店の運命を左右するといっても過言ではない一本の電話がかかってきました。「人生の楽園」という全国放送のテレビ番組への出演依頼でし

レストラン「粟」

た。
「人生の楽園」は、「第二の人生をスタートさせた夫婦の生き方」をテーマに、全国の夫婦を紹介する人気番組です。「第二の人生」というにはまだまだ足りないことだらけの若い僕たちは、当時、番組史上最年少夫婦として、鳥山さんをはじめとする周りの農家さんたちにも出演をしてもらうことでバランスを取りながら、12日間の撮影に協力させていただくことになりました。

30分の全国放送番組のなかで、これまでの伝統野菜保存の取り組みと、レストラン開店までの様子が伝えられたのは、開店から約1ヶ月後の2月16日のこと。予定通りの日程で無事開店を迎えることができ、友人、知人がお祝いに訪れてくれた慌ただしい日々がちょうど一段落

レストランの店内

した頃のことでした。

放送の翌日、開店準備のためにお店に行くと、朝から電話がひっきりなしにかかってくる。開店前からお客さんがいらっしゃる……。その日から数日間の営業を、いったいどのようにして乗り切ったのか……、よく覚えていないくらいの大きな反響がありました。

さらに、この番組の反響は、個人のお客さんだけではなく、ほかのメディアからの取材という、思いがけない形でも現れました。取材が取材を呼び、新聞、雑誌、テレビの出演依頼が連日のように舞い込みます。よく、「開店してすぐでは、取材を受けるのも大変だったでしょう？」と言われますが、なぜかうちに取材に来てくださる方はみなさんそろっていい方ばかりで、イヤな思いをしたどころか、取材後も連絡を取り合ったり、友だちになったりするようなことが少なくありません。そんな好環境が、「集客が難しい立地では……」という友人や知人たちの心配を、文字通り吹き飛ばしてくれました。

そうこうしているうち、幸運なことに、携帯電話やインターネットが普及し、自家用車にもカーナビがついていてあたりまえの時代がやってきました。このような社会インフラの進化がなかったら、同じ場所にレストランを開業していても、いまと同様の結果になるとは限らなかったと思います。

決して時代を先読みしていたわけではないけれど、いまふりかえってみると、自分たちの能力を超えたさまざまな幸運に助けられたことに改めて気づきます。こうして、最短距離で店の経営を軌道に乗せることができた背景には、間違いなく、時代の後押しもあったのだと思っています。

幻の粟「むこだまし」にやっと出会えた！

こうして無事に開業することになった、農家レストラン「清澄《きよすみ》の里 粟《あわ》」。一風変わったこの屋号は、夫婦ふたりで決めました。

「清澄」というのは、この界隈の古い呼び名です。現在は奈良市高樋町という町名となり、旧・五ヶ谷村、現・精華地区と称されるこの地区は、万葉の時代にここを通った歌人に「清澄」と詠われた説があるのだそうです。

いまなお田園風景が広がるまほろばの里「清澄」で、遠いむかしから歴史と文化のＤＮＡを受け継ぐ大和の伝統野菜がさらに広がっていく種火のような場所になれるように……。そんな願いをこめながら、旧暦の「一粒万倍日」の語源となる作物「粟」を屋号にいただいたのです。

一粒万倍日とは、旧暦のなかで使われる大安にも並ぶ縁起のいい吉日のこと。たった一粒の籾が万倍にも実り、素晴らしい穂になる、つまり「手元にあるわずかなもので始めたことが何倍にもふくらむ」ことをあらわし、何事を始めるにもよい日とされています。

加えて粟は、稲、麦などとともに、五穀のひ

粟のなかでも最高級の品質を持つという「むこだまし」

とつに数えられ、古くから日本人にとって大切な作物のひとつとして栽培されてきた歴史があります。実際にその穂を手にとってみると、無数の籾がついていて、その穂を数えてみると、およそ1万粒の籾が実っています（ちなみに、稲穂で2千〜4千粒と言われています）。また、漢字が伝わる以前に、この国で使われていたという「やまとことば」によると、「あ」はすべてのはじまり、「わ」はすべての調和をあらわすとされています。一粒の種が1万に実り、すべてのはじまりですべての調和……。粟は、まさに豊穣の象徴なのです。

伝統品種の調査を続けていくなかで、そんな粟のなかでも、奈良県で栽培されている品種が6種類あり、かつて「むこだまし」という粟が十津川村で栽培されていたことがわかってきました。多くの粟は、脱穀すると黄色くなるけれど、「むこだまし」だけは脱穀するとお米のように真っ白になり、粘りの強さは餅米のよう。粟の最高品種とされ「婿」をだませるくらい米の餅と見分けがつかず、おいしかったことからこの名前がついたとされています。

「そんな幻の伝統野菜があるなら、ぜひ見てみたい！」

せっかくだからと、テレビ番組の収録期間中にむこだましを探してみることに。少ないうわさをたどって、取材クルーと一緒に十津川村を訪ね歩くと、ひとりの70代の女性に行き当たりました。こうして幻の種にめぐり会えたのです！

十津川村のたったひとりの老女が大切に保管されていた「むこだまし」の種は、保管状態もよく、20年も前の種だというのに奇跡的に発芽し、以来、僕たちが大切に受け継いで栽培しています。

捨てるに捨てられずに置かれていた「むこだまし」の種と植東さん

6 大和の伝統野菜は家族野菜　ちいさな農業のヒント

レストランがある奈良市精華地区にある高樋町は、奈良中心街から車で15分という市街地近郊の中山間地域。奈良市精華地区は昭和30年に奈良市に合併した旧五ヶ谷村で、米谷町、中畑町、興隆寺町、南椿尾町、北椿尾町、菩提山町、虚空蔵町、高樋町の8つの大字で形成されていて、代々受け継いだ自宅を離れずに勤めに出ることができるため兼業農家が多く、集落では約300軒、1千人が暮らしています。

地区内には、紅葉の名所であり、清酒発祥の地としても知られる菩提山町の「正暦寺」に、十三参りで知られ、弘法大師が創建したといわれる虚空蔵町の「弘仁寺」といった名刹を有し、青垣国定公園を背に奈良盆地を西へ見下ろすことができます。

大和高原と大和盆地を結ぶ境界に位置し、市街地近郊に位置しながら日本の原風景を思わせるような豊かな自然があり、標高100mから450mにかけての多様な気候風土を持っています。

地域に根をおろす――人生の先輩方に教わったこと

「君らの世代は農業なんかやりたくないって言うのに、三浦くんはエライなぁ」

そう言って、僕たちの応援者第1号、よき理解者になってくださった鳥山悦夫さん。会社勤めをされていて、出会ったときはすでに還暦を過ぎた役員さん。米づくり、そして粘りの強い里芋の一種「烏播」、いまでは大和伝統野菜の代表格とも言える「大和まな」の育て方を教わっただけでなく、子どもの頃から育ってこられた経験に基づいたこの地域のしきたりや自治のしくみを、明確に言語化して僕たちに教えてくださいました。間違いなく、いまで言う「コミュニティデザイン」の実践者です。

そして、この鳥山さんをきっかけに、僕たちの人生を大きく育てていただく方々に出会うことになるのです。

「むかし、種苗会社から頼まれて、採種のしごとをしていたこともあるんです」

という乾一男・純子さん夫妻は野菜づくりの知恵袋。唐の芋、どいつ豆、大和三尺きゅうりの育て方に加え、かき餅や干し芋茎といった加工品、そしてわら細工のつくり方を教わりました。

「子どもや孫も含めて家族だけでも11人分、それに、お友だちやご近所に差し上げてもみなさん喜んでくれはるから」

と、旬の採れたて野菜をいつもおすそ分けしてくださるのは、青木正・朱美さん夫妻。

テレビ番組「人生の楽園」の冒頭に、当時たまたま保育園児だったお孫さんが映っていたからと、自家栽培のウドを手に遊びに来てくださったのがご縁のはじまりでした。青木さんは、長年、農機具メーカーにお勤めされていたので、当時おつきあいのあった農家さんから少しずつ「おいしい種」をいただいては保存されていて、定年退職後、本格的に畑しごとに取り組ま

乾純子さん

乾一男さん

れていました。八ッ頭、大和芋、仏掌芋といった伝統野菜だけでなく、高菜、うど、それに、栗の栽培法などを教えていただきました。

加えて朱美さんからは、郷土食のレシピも教わっています。朱美さんの料理の腕前は村でも有名で、しごと帰りについつい青木家の食卓に寄って、夕飯を軽くいただいてから自宅に帰るというひともいるほど。それでいて、「わたしの料理は全部自己流やから、おいしい基準とか自分では全然わからへんのよ。だって、ホウレンソウのゆがき方（茹で方）ひとつにしても、家庭でそれぞれ違う、そういうもんやんか」と、笑顔であっけらかんとおっしゃる、主婦のプロ！

レストランでつくっているあんこの炊き方は、彼女のレシピを参考にしています。陽子いわく「和菓子屋

青木朱美さん

青木正さん

さんにも教えてもらったけど、朱美さんのあんこの素朴さがなんとも言えず好きだから」とのこと。

いずれも、僕たちの野菜づくりの師匠であり、人生の良き相談者。

みなさんとの出会いから、僕たち夫婦の人生の根も奈良の地におりていくことになるのですが、ここにはほとんどの家に自給菜園があり、ひもとうがらし、紫とうがらし、黄金まくわ、大和まなに加えて、在来のコンニャク、五ヶ谷しょうが、椿尾ごんぼに烏播と、さまざまな伝統野菜が受け継がれています。

伝統野菜が残っている地域は、その数に比例するように伝統芸能や生物の多様性、景観、「手間借り」「手間返し」といった相互扶助のつながりが残っている……というのが、多くの農村を訪れて感じた僕たちの持論です。

清澄の里は、市街地の近郊に位置しながら、日本の原風景を思わせるような豊かな自然が現代に受け継がれている中山間地域であり、またむかしながらの集落機能を維持しながら、風物詩となっている「お祭り」や「稲作のお手伝い」といった都市と農村の交流人口も豊か。

これからの地域づくりに必要なヒントとその可能性が多く秘められているように感じています。

そんな風土、暮らしのなかを生きてこられた鳥山さんからいただいた宝物のような言葉が「土づくりのような経営をしなさい」ということ。野菜づくりを学びながらレストランを開店して間もない頃、「三浦くん、野菜を育てるのもお店を経営するのも同じやで。慌てて実りを求めたらいかんよ」とアドバイスしていただきました。すべての基礎となる土を育てて適切な時期に種を播《ま》き、しっかりと手入れをしてやれば自然に根が伸び、茎ができて収穫という実りをもたらしてくれるから、と。土づくりをするように慌てず店を、事業を育てていく。継続していけるよう適正規模の利益を設定し、時間をかけてひとを育てていく――。野菜づくりとともに会社役員として経営の現場を経験されてきた鳥山さんの言葉は味わい深く、いまも心に残っています。

家族の喜ぶ顔を思い浮かべながらつくる「家族野菜」

いわずもがな、僕たち夫婦にとって、飲食店経営は手段であり目的ではありません。

地域のみなさんにもその思いは共有されていて、営業時間外に気軽にお茶しに来てくださったり、年に一度の忘年会をとても楽しみにしてくださっていたりと、日々のコミュニティスペースとして上手に利用していただいています。

そんな楽しみ方を最初に見いだしてくれたのは、なんと子どもたちでした。

「ヤギさんと遊びたい」

そう言って遊びに来てくれるようになったのは、当時小学生だった阪本瑞歩ちゃん・萌生ちゃん姉妹。遊びの延長で上手にヤギのお世話をしてくれます。子どもたちを介して仲よくなったお父さんの慎治さんは、県内の私立高校で国語を教えるかたわら、代々受け継いだ水稲を中心とした農業を営む方。阪本家の畑では、慎治さんが家族の喜ぶ顔を思いながら手をかける野菜が、年間40種以上育てられています。

うちの畑で収穫した伝統野菜も、遊びに来た子どもたちが食べて「これ、おいしい」と言ってくれたら、阪本家へ種や苗をお譲りして、栽培してもらっています。

なかでも一家のお気に入りは「紫とうがらし」。

万願寺唐辛子に比べてサイズが小さく、換金性が低いのでプロの農家さんには敬遠されるのですが、逆に家庭菜園ではつくりやすい大和伝統野菜のひとつ。辛みのない独特の風味、最大の特徴はなすを思わせる紫色の外見。「シンプルに塩だけ振って炒めるのが最高」というのは慎治さんの奥様、薫さん。育ち盛りの子どもたちは、豚肉や鶏肉と一緒に炒めるのが好物だそう。

同じく結崎ネブカも好んで使ってくださっていますが、仏掌芋は「おいしいけれど、カタチが複雑すぎて泥を落とすのが面倒」という理由で、いまのところ阪本家には少々不評。でも、一家が好きな種を育ててもらうのがイチバン。義務感や使命感からではなく、「家族が好きだからつくっている」。そんな気持ちでつくられた野菜を

子どもたちがヤギに会いに来てくれ、お世話もできるように

ほんの少し、「粟」のお客さんの口にもおすそわけしてもえたらいいなあと思って、気に入ったものだけ栽培をお願いしています。

伝統野菜の魅力は、その土地の気候風土が生み出した個性的な色に形、そしてなんと言っても、実際に食べてみないとわからない、特有の食感と風味。

「なぜこの野菜をつくり続けているんですか?」

との問いに、伝統野菜のつくり手の方から「義務」や「使命感」「伝統継承」といった高尚な答えが返ってきたことは一度もありません。理由は「おいしいから」「つくりやすいから」。たったこのふたつ。

そこで、次に僕たちが考えた「では、伝統って何だろ

阪本家のみなさん

う」ということ。

日本原産でいまでも食されている野菜を調べると、ウド、セリ、三ッ葉など20種類ほどしかありません。トマト、じゃがいも、なす、きゅうりなど、現代のわたしたちの日々の食卓を彩る主役系の野菜はどれも、いつかどこかで他の大陸から伝えられたものです。

ということは、日本に根付いた年月の長さではなく、その土地の気候風土と相性がよくて育てやすく、そこに暮らす人々の嗜好性と食文化にマッチして、だから代々受け継がれてきたもの、それが伝統野菜なんじゃないかと思うのです。


家庭の食卓は、いちばんちいさな社会の単位。

家族が好きな食べ物、おいしい顔を知っているという

天日干しのお手伝い

ことは、あたりまえすぎて見逃されがちですが、実はとても豊かなことなのかもしれません。種を蒔き、育てることによって実りの楽しみを待つ時間、自ら収穫することでの新鮮さ、家族が一緒に田畑で目にする景色やできごとも隠し味となり、家族の豊かな食卓を演出します。

伝統野菜の本質、それが受け継がれてきた理由をつきつめてゆくうちに、「大和の伝統野菜は、家族野菜」

いつしかそんなキーワードが僕たちのなかに根ざすことになりました。

7 地域の種と文化をつなぐ　NPO「清澄の村」

「清澄の里 粟」を開店して1年後、粟の新しい顔になる生き物がやってきました。以前から飼育したいと思っていたところ、たまたま知人から譲り受けた、つがいのヤギです。

ヤギと人間のつきあいは古く、犬の次に家畜化された動物ともいわれ、その歴史は紀元前6600〜7600年頃まで遡るという説もあるほどです。

鹿のイメージが定着している奈良でも、昭和30年代まで県内の農村では、多くのヤギが、牛とともに家族のように飼育されていました。小型で、草を食用とするヤギは子どもでも容易に飼育することができるので、年配の方々には、幼少の頃はヤギのお世話係だったという思い出のある方や、ヤギのお乳を飲んだ経験がある方もたくさんいらっしゃると思います。

清澄の里でも、昭和30年ごろまで約60頭のヤギが家庭で飼育されていましたが、農業基本法が制定され、農業が工業化、機械化されるにつれ、その姿は村から消えていきました。すなわち、ヤギやヒツジといった中小家畜と伝統野菜は、効率重視の農業への転換期のなかで時を同じくして忘れ去られてしまった、同じ宝物なのです。

清澄の里「粟」ではヤギの親子がお出迎え

地域のみなさんとともに、ＮＰＯ法人「清澄の村」を発足

平成16年９月、僕と陽子の「伝統野菜で地域づくり」プロジェクトは、またひとつ歩みを進めることになりました。

この頃になると、レストランを拠点とした地域の方々との交流も深まり、上は70代から下は僕たちと同世代の30代まで、地域づくりを志す方々とのネットワークが生まれていました。

そうしたつながりがベースとなって、伝統野菜、伝統文化などの地域資源を継承して、地域づくりに貢献しようと設立したのが、ＮＰＯ法人「清澄の村」。地域の宝である伝統野菜をはじめとする地域資源、農村文化を調査・保存し、地域づくりに役立てていくことが大きな目的です。

ヤギの飼育もその取り組みのひとつです。地元の幼稚園と小学校の見学会も年中行事になっています。また、ここで生まれた子ヤギを里子として出すことで、親戚のような付き合いをする方々も増えてきて、伝統野菜とともにヤギ文化の継承とネットワークづくりも僕たちの大切なライフワークとなっています。

学生時代にボランティアで通っていた「たんぽぽの家」には、ネットワーキング社会研究所というシンクタンクがあり、さまざまな市民活動（いまでいうＮＰＯ）が地元に根づくためには、どうしたらいいかという調査研究に携わる機会がありました。あるひとつの課題を、さまざまな分野の違う活動を結びつけていくことで解決していく「ネットワーキング」という手法があることは、そういった活動のなかで学んできたのです。「清澄の村」は、地元の市民、農家に加えて、レストラン粟を続けていくなかで出会った芸術家、研究者や学生といった多種多様な能力を持つ、実にたのもしいメンバーで構成されています。こうして僕たち夫婦で始めた伝統野菜の調査・研究、栽培・保存といった活動に、ホームページによる情報発信、写真や絵画といった芸術活動、在来ヤギの保存などが新たに加わって、さらに地域づくりを目的としたさまざまな活動へと、広がってゆくこととなりました。

「あんたはよそ者・馬鹿者をやりなさい」

ＮＰＯの立ち上げを提案した僕たちの前に現れた心強い支援者は、当時の村の長老のひとりであった西森良純さんでした。

鳥山さんから聞いたところによると、開墾のためにおぼつかない作業をしていた頃から、ぼくたちのことを「金のたまご」と言ってくださっていたそうで、レストラン開店後、ようやく初めてお会いしたときにいただいた言葉が「ありがとう」だったのです。「がんばってるな」どころじゃなくて「ありがとう」。そして、僕たちの想いを汲んで、「あんたらは、よそ者としてしっかり『バカ者』をやりなさい」と……。それが約束できるならと、信頼のおける各世代のキーマンをＮＰＯのメンバーにと紹介してくださったのです。

最近、地域づくりを活性化させるキーワードにも「若者・よそ者・バカ者」というフレーズが語られています。若者は元気のあるひとのことを指します。新しく物事を創《つく》り、切り開いていくには元気やエネルギーが必要です。よそ者とは、外からの視点や新しい観点から地域にあるあたりまえのものや存在に光を当て、価値を生み出していくひとのこと。そしてバカ者とはイノベーター（革新者）のこと。既存の慣習や発想にとらわれない新しいアイデアや発想で物事を活性化していくことが、地域のプラスになる可能性を西森さんは知っていたのかもしれません。

起業時から農家レストランとともに構想していた公益事業。機が熟し、大きな見地で可能性を見つめる村の長老の力添えも受けて、もっとも適切なタイミングで設立することができたと思っています。

8 〝未来〟を見据える

姉妹店「粟 ならまち店」の役割

そういった地域のみなさんとの出会いとつながりに恵まれ、平成13年にオープンした「清澄の里 粟」は、大和伝統野菜でのおもてなしを基軸に、「農家レストラン」というスタイルで今日まで日々たくさんのお客様を迎えることになります。「奈良にうまいもんなし」と言われた奈良県が初めて対象エリアに加わった『ミシュランガイド 京都・大阪・神戸・奈良２０１２』では一つ星を獲得させていただき驚いたこともありました。そんな10年間は、清澄の里の農家さんのお力添えなしにはあり得ませんでした。

インドへ行くなら、奈良に来てくれないか？

「粟」の開店時には、それまでコツコツと貯めた１２００万円を開業資金に費やし、借金はしないまでも文字通りスッカラカンになった僕たちでしたが、経営が軌道に乗り始めるとすぐに、姉妹店の構想を計画するようになりました。

レストランの知名度が上がるにつれ、県内外の多くの商業施設から出店のオファーもいただいたのですが、なにより要である食材を育てる清澄の里との距離も適切であり、また、観光地として注目を集め始めていた「奈良町」への出店が目標でした。

そして巡り会った物件が、いまの「粟 ならまち店」となる、築130年の古民家。奈良を拠点に、古民家再生に意欲的に取り組まれている建築家、藤岡龍介さんによる素晴らしいリノベート物件で、もとは割烹だった場所。願ってもない物件です。

店長を務めるべき人材も信頼のできるスタッフも育成しており、ソフト面でも準備万端。

時は奈良県が「平城遷都１３００年記念事業」を始める直前、平成20年の秋。

個人事業であった「清澄の里 粟」を株式会社化するのと同時に、姉妹店をオープンさせる段取りが着々と進んでいました。

ところが、いよいよというタイミングで、やむをえない事情から店長候補のスタッフがどうしても実家へ帰らなければならないというハプニングが発生。姉妹店の運営は、すべてを彼に任せるつもりだったので、ここまで順調だったプロジェクトに急ブレーキがかかります。

さてどうしようかと頭を悩ませていたとき、大阪のなじみのイタリアンカフェで店長を務めていた友人が「少し人生を考え直そうと思って、ここを辞めてインドへ行くつもり」とのこと。聞けば、ちょっとした自分探しの旅のようです。

「インドへ行くなら、奈良へ来てくれない？」

我ながらおかしなくどき文句ですが、人生にほんの少し考える時間を求めていた彼は、僕が困っているということもわかってくれた上で、うちに来る決心をしてくれました。それが、いまもならまち店の店長を務めている新子大輔です。その後も次々と幸運なご縁が生まれます。彼の信頼する元同僚だった料理長の村田豊明、そしてプロジェクトマネージャーで広報

古民家を改修した「ならまち店」は、カウンター席と個室、蔵もあり、ニーズによる使い分けができる

古い町並みが残る奈良町の一角に開店した「栗 ならまち店」

も担当している尾山初美ら、頼りになる人材がオープニングスタッフとして集いました。平成21年1月19日、いよいよ念願のならまち店が開店しました。

こうして、その後すぐにやってきた平城遷都1300年の奈良観光ブームも追い風となり、「粟 ならまち店」も順調な船出を迎えることができました。

清澄の里の、奈良の価値をしっかりと伝えていくために

ならまち店は、本店同様に清澄の里の伝統野菜を使うだけでなく、次の3本の柱を基本に経営しています。

・奈良の優れた食材をきちんと紹介する
・奈良の地酒を豊富にそろえる
・昼は3千円、夜は食べて飲んで8千円

食材は大和野菜だけでなく、大和牛や大和肉鶏といった県内のほかの産物もひろく紹介。

地酒も数多く用意しました。それに、これでサービスがしっかりとしていれば、県内の方々が県外から来られたお客さんをもてなすのにご利用いただきやすい。そうして県内の方も、観光で来られた方も、どちらにも使いやすいお店づくりを心がけました。

2軒目のレストランをスタートすることは僕たちにとって新しい挑戦となります。「清澄の里」と大和伝統野菜を多くの方々に知っていただき、地域づくりのための経済活動を育てていくためには、奈良の観光地として注目を集めている奈良町への出店は欠かせないステップでした。

「ブランディング」とはサービス・商品に対する共感や信頼といった顧客にとっての価値を高めていくことですが、ならまち店でのサービスを考える中で大切にしたことは、たくさんの写真を活用し、野菜が育てられる清澄の里、農家さんの野菜づくりの営みを表現していくこと。ディスプレイする野菜の現物、豊富な資料を用意することで大和伝統野菜の物語をお客さんにお伝えできるような仕組みづくりを実現することでした。そのことが話題性や一過性に左右されない大和伝統野菜の価値を作り出していくことになると信じていたからです。

9 五ヶ谷営農協議会と地域プランニング 地域との連携

こうして、夫婦ふたりで始めた「伝統野菜で地域づくり」の取り組みは、産業創出の部分を株式会社「粟」が、公益活動をＮＰＯ法人「清澄の村」が受け持つプロジェクトになりました。

利益と公益。ふたつの異なる組織が互いに連携協働することで、地域内外の幅広い立場と能力を持つ人々の参画と交流を促し、ふたつの組織が両輪のようにほどよいバランスをとりながら、プロジェクトを推進しています。

こうした事業形態は全国でもまだまだ少ない事例かもしれません。

地域連携と活性化の鍵、６次産業化を10年計画で

たったいま「ふたつ」と書いたばかりですが、僕には「株式会社粟の経営者」「ＮＰＯ法人清澄の村の理事長」に加えて、もうひとつ肩書きがあります。

「五ヶ谷営農協議会」企画担当というものです。

「五ヶ谷営農協議会」とは、レストランのある高樋町を中心とした旧五ヶ谷村（現・奈良市精華地区）をフィールドに、市街地近郊の中山間地域という特性を生かした営農活動を行っている集落営農組織です。

大和伝統野菜を核に、企業・NPO・営農組織が三位一体となり、「清澄の村が野菜の調査・研究と啓発活動をし→五ヶ谷営農協議会が栽培や加工を行い→粟が販売する」。すなわち6次産業化を計り、農業や農村地域が自立への道を模索するなかでのひとつのモデルケースとなることが僕たちのいまの目標。この三つの組織の連携共同体としての取り組みを「プロジェクト粟」と名付けています。

ご存知の通り、6次産業とは「1次産業×2次産業×3次産業」、すなわち1次・2次・3次産業が融合した事業形態を表す言葉で、今村奈良臣・東京大学名誉教授が提唱された造語です。1次産業の担い手である農作物生産者が、食品加工などの2次産業、流通販売・サービス業などの3次産業の分野にも総合的に関わることで、そこで得られる付加価値を生産者に還元させる方法論です。

農業と文化を通じて利益を生む。そのために「プロジェクト粟」でも、「清澄の里」で生産した農作物をレストランの食材として活用しています。またそれだけでなく、和菓子などの加工品に利用する準備がすでに整っています。

その第1弾が、現在レストランでご提供している「粟生《あわなり》」という和菓子。幻の粟「むこだまし」を使い、杵でついて旧来のお餅状に仕立てるのではなく、蒸して粒つぶの食感を生かしたまま、こちらも幻といわれる大和の伝統品種である「白小豆」や「宇陀大納言小豆」などの季節の餡を包んで仕上げた自信作です。

仕組みも出来上がり、商品も完成していて、加工所も準備できた。いますぐにも動き出せそうな体制ですが、ただ肝心の「むこだまし」の作付け面積がまだ足りずにいるのが現状。儲けだけを考えれば、種を増やしてよその地でこれを増産し、「売れるもの」をつくることは簡単なのかもしれません。その売り上げを地域に還元すればいいじ

五ヶ谷営農協議会で育てられるむこだまし

むこだましを蒸し上げた生地のなかに宇陀大納言小豆と白小豆の餡を包んだ和菓子「粟生」

ゃないか、とおっしゃる方もいらっしゃいます。
けれど、それでは本末転倒。
伝統野菜の高い安心・安全性やそれを育んできた地域の人々、食文化の物語性といった「付加価値」、それにしっかりとした「ブランディング」もともなわなければ、6次産業化の成功はあり得ないと思っているのです。

清澄の里は商業都市でも大規模な農業地域でもありませんが、兼業農家が多くを占める市街地近郊の多様な気候風土を備えた中山間地域です。その特徴を考えた時、農業の大規模化だけではなく、この地に適した地域づくりがあるのではないかというのがプロジェクト粟に参画しているみんなの共通の思いです。

これからの10年計画は、NPO法人清澄の村で保存する大和伝統野菜などの地域資源をベースにして、地域の人が定年退職後に豊かな自給菜園を手掛けること。そして、大儲けしなくても残った農地で年間100万円前後の売り上げが見込める「ちいさな農業」を続けていくことができる持続可能な仕組みを育てていくことです。そうすることで次の若い世代が後に続くことになり、農を中心とした地域コミュニティのエッセンスも継承されていくことでしょう。

5軒ではじまった「五ヶ谷営農協議会」も、現在12軒20名。この調子で定年退職後に参画してくれるひとが次第に増えていけば、粟の作付け面積が目標に達するのは、そう遠い未来のことではなさそうです。

このような観点から自身の役割を振り返ってみれば、清澄の里に根ざすと決めて間もなく、敬愛する人生の大先輩からいただいたふたつの言葉「しっかり馬鹿者をやりなさい」「慌てて実りを求めることなく、土づくりのような経営をしなさい」というお役目が、ようやく少しは果たせてきているのかな、と思う今日この頃です。

大和伝統野菜と
季節のレシピ

春

どいつ豆《まめ》

マメ科インゲンマメ属

「美味しくて作りやすいから」と奈良の農家の自給用作物として作り継がれてきたどいつ豆は、細長く平たい莢（さや）の形状と癖のない風味が特徴。やわらかい肉質の莢をゆがいて胡麻と和えると、絶品のお惣菜ができあがる。自給用品種の中では人気の高い野菜である。

コンニャク

サトイモ科コンニャク属

生子（きご）と呼ばれる種芋から加工に適した大きさに育つまで３年以上かかるが、奈良県では祭りやハレの日の食卓を飾る食材として欠かせない野菜のひとつ。半日陰での栽培に適していることから、吉野の山間地を中心として、柿の木の下などで自給用として栽培されてきた。

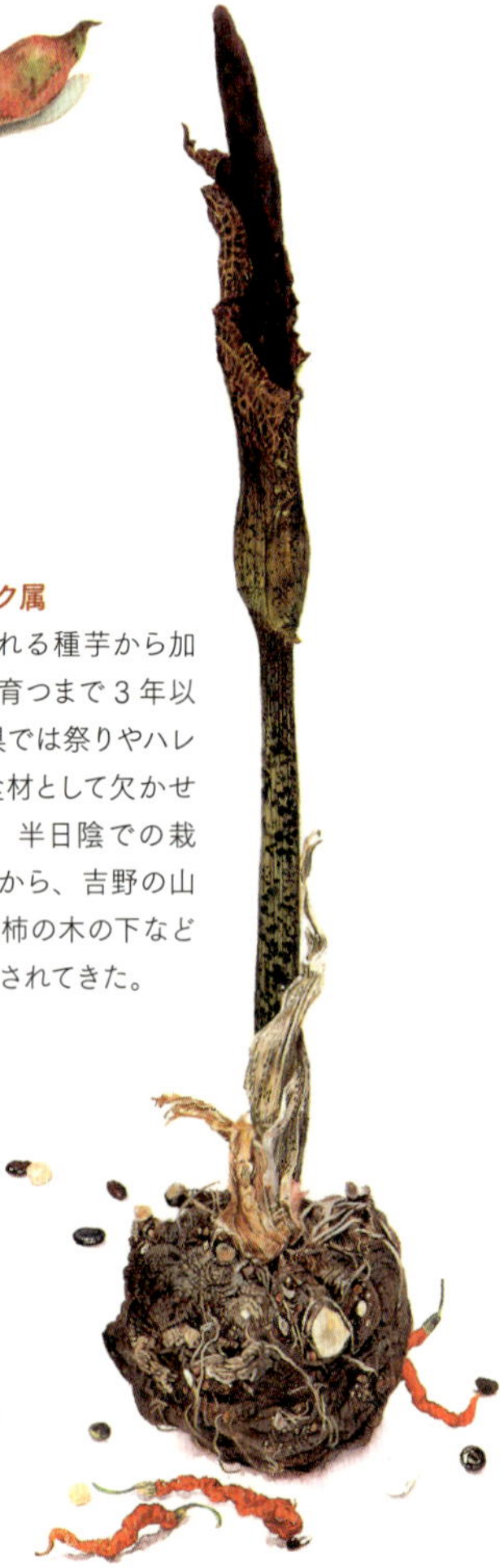

ウド **ウコギ科**

春の食材として古くから日本人の楽しみを演出してきたウド。奈良でも古くから各地に自生しており、初春に萌芽した若葉を山菜として、天ぷらなどで食されてきた。吉野の山間地では養成した根株を掘り起し、籾殻を利用した軟白床に伏せかえることで春の貴重な野菜として栽培されてきた。

野川芋《のかわいも》 ナス科ナス属

美しい桜色の外皮に、しっかりとした食感が特徴のジャガイモの一種。郷土食の「パチ芋」は、水分がなくなるほど炊き込んだ芋の中に空洞ができ、食するとパチッと音がすることから名づけられている。産地は奈良県の西南端に位置し高野山と隣接する野迫川村。

大和《やまと》いも ヤマノイモ科ヤマノイモ属

正倉院文書によると1300年前の奈良時代にはすでに天皇に献上されていた野菜として記されており、奈良を代表する伝統野菜のひとつ。代表的な郷土食は、すりおろし、卵と味噌汁を加えてさらに擦り混ぜた「とろろ汁」。葛城山麓の御所市では江戸時代から栽培が続いている。

祭《まつ》り豆《まめ》 マメ科インゲンマメ属

東吉野村の秋祭りの時期に収穫期を迎えることから「祭り豆」と呼ばれ古くから大切に育てられてきたインゲン豆の一種。莢の凹凸がとてもハッキリとしていて、豆は熟すると紫色となる。煮豆や豆ご飯に利用しても美味しく、サヤインゲンとして食すると独特のモチモチとした食感を楽しめる。

夏

しま瓜《うり》

ウリ科キュウリ属

マクワウリとともに古くから大和盆地で継承されてきた瓜の一種。外見はその名のとおり薄い緑の果実に、鮮やかな濃い緑の縦縞模様が特徴。夏に収穫されたしま瓜は緻密な肉質が特徴で、お味噌汁、煮物、そしてぬか漬けなどに利用されてきた。

ひもとうがらし

ナス科トウガラシ属

細くて長い形状が特徴で、その容姿から「みずひきとうがらし」とも呼ばれている。大和盆地各地で自給作物として栽培されてきた。非常に多収で、夏から秋にかけて枝いっぱいに細長い果実を実らせる。郷土食として佃煮に炒め物、揚げ物などに調理されてきた。

黄金《おうごん》まくわ ウリ科キュウリ属

かつての都である藤原京跡や平城京跡から種子が発掘されるなど、瓜は古くから栽培されてきた大切な野菜のひとつ。大和でもお盆のお供えに欠かせない作物である。上品な芳香が特徴で昔ながらの風味を楽しむ人々によって家庭菜園などで栽培が行われている。

野川《のかわ》きゅうり

ウリ科キュウリ属

外見は少しずんぐりとして半分緑で半分白色であることが特徴。果肉はとても瑞々しく、少し塩を含ませて山仕事の水筒の代わりに、そしてお漬けものにと、さまざまな方法で食されてきた。産地は野迫川村の野川地区。

五ヶ谷《ごかだに》しょうが

ショウガ科ショウガ属

奈良市五ヶ谷地区で古くから栽培されており、大しょうがと比べて強い辛みをもった小さめの品種。地味ながらワサビ、ミョウガとともに日本の食文化に欠かすことのできないしょうがは、生寿司に添えて食する「がり」や素麺の薬味として幅広く利用されている。

秋

宇《う》陀《だ》大納言《だいなごん》小豆《あずき》 マメ科

又兵衛桜で知られる宇陀市大宇陀地区を中心とした東部山間地域が産地。この地で育てられた宇陀大納言小豆は、知名度こそ丹波大納言に及ばないが、風味も柔らかさも丹波大納言に勝るとも劣らない品質を持っている。祝い事のお赤飯に欠かせない食材である。

味間《あじま》いも サトイモ科サトイモ属

田原本町味間地区で栽培されてきた里芋の一種。松下電器産業（株）の役員が味間地区出身者であったことから、この芋を食した創始者の松下幸之助氏が美味しいと評価したという興味深いエピソードがある。卵型の子芋は豊かな風味と程よい粘りが特徴。

八《や》ッ《つ》頭《がしら》 サトイモ科サトイモ属

八つに分裂している親芋の形状が特徴的で、この名がつけられた。デンプンの含有量が多く、まるで栗を思わせるようなホクホクとした食感と豊かな風味があり郷土食では雑煮などに利用されている。奈良県では自給用の作物として山添村や吉野郡の山間部で継承されてきた。

仏掌芋《ぶっしょういも》　ヤマノイモ科ヤマノイモ属

多くの品種があるヤマノイモだが、流通している種類は限られており、仏掌芋も市場で見かけることはほとんどない農家の自給野菜。栽培が容易でナガイモよりも粘りが強いこと。芋の先端が枝分かれしており、仏さまの掌を連想させることがその名の由来。

こぶ芋《いも》　ヒルガオ科サツマイモ属

十津川村出谷集落で栽培され、主に干し芋用として栽培されてきたサツマイモの一種。大変個性的な特徴をもっており、皮色が白く、芋の形状はその名の通り丸みのある瘤のような形状。加工することによって柔らかく自然な甘みを備えた飴色の干し芋となる。

烏播《うーはん》　サトイモ科サトイモ属

台湾から導入された約70年前の奈良県奨励品種。かつて山間地を中心に作付けされた歴史があり、その種芋の一部が自給作物として継承されてきた。芋の形状は楕円形、黒い茎が特徴。子芋にはムチンという粘り成分が多く含まれており、強い粘りは里芋の中で最高級。

冬

片平《かたひら》あかね

アブラナ科アブラナ属

大和の伝統野菜の中でひと際目を惹く鮮やかなあかね色の蕪。産地は奈良県東部山間に位置する山辺郡山添村片平の集落。全国でも珍しく片平地区の住民投票によって名づけられた伝統野菜。

今市《いまいち》カブ

アブラナ科アブラナ属

奈良市今市町一帯で、昭和 30 年代まで盛んに栽培されていた中型の蕪。白い皮色とお餅のような偏球形が特徴。肉質は柔らかく風味も良いことから、ふろふきなどの煮物に、また葉も柔らかくて美味しいことから漬物としても利用されている。

結崎《ゆうざき》ネブカ **ユリ科ネギ属**

「ネブカ」とは関西地方の葱の古称。かつては大和平野で広く栽培され、特に結崎村（現川西町）で多く栽培されていたことから、「結崎」の名が冠せられた葉ネギの一種。柔らかな食感と甘みが特徴。薬味の他に郷土食では「ぬた和え」として利用されてきた。

八条水菜《はっちょうみずな》

アブラナ科アブラナ属

大安寺の西側奈良市大安寺八条で自家採種されてきた水菜は、細くて白い茎、柔らかい食感が市場で高い評価を得て、地域の名を冠して八条水菜と呼ばれるようになった。アイデア次第で幅広く調理する事ができる親しみやすい大和の伝統野菜のひとつ。

大和《やまと》まな **アブラナ科アブラナ属**

「まな」の愛称で親しまれている大和の代表的な伝統野菜のひとつ。12月以降に霜に当たると独特の風味や甘みが増す。郷土食としては漬物やおひたし、油炒め、辛子和えなどに調理され、晩秋から冬にかけての地方色豊かなお総菜として利用されてきた。

椿尾《つばお》ごんぼ **キク科**

「ごんぼ」は「ごぼう」をあらわす方言で奈良市東部山間に位置する椿尾町で作り継がれてきた。地元では100年以上も前から、風味豊かなごぼうをお歳暮の時期になると親戚、そしてお世話になった人々へと、日ごろの感謝を込めて手渡されてきた歴史をもっている。

春

祭り豆ご飯

①かたまめの祭り豆をだし汁で煮る。冷めたら煮汁ごとお米に加えてご飯を炊く。
②インゲン豆をゆがき、1センチ大に切り、米油で炒める。
③①と②をまぜる。

十津川えんどうの翡翠《ひすい》煮

①さやをむく。
②だし汁、薄口醤油、みりんで、豆を煮る。
③冷蔵庫で冷やす。

夏

紫とうがらしの塩炒め

①紫とうがらしのへたをとる。
②フライパンに油をひき、①が緑色に変わるまで炒め、塩こしょうで味を調える（好みで、お醤油をたらしてもよい）。

夏

野川きゅうりのぶっかけそうめん

①きゅうりをスライスして、塩をふる。
②みそ、すりごまを練り合わせだし汁でのばす。
③そうめんをゆがく。
④器にそうめんと水切りした①を盛り、②をかける（好みで、しょうがをのせる）。

秋

烏播《うーはん》の栗グラタン

①栗1カップに対して3カップのだし汁で炊く。
②栗が柔らかくなれば、豆乳、白ワインを加え、塩こしょうで味を調える。
③烏播を米のとぎ汁で下ゆでする。
④グラタン皿に一口大に切った③を並べ、②をかける。
⑤パルメザンチーズをふってオーブンで焼き色がつくまで焼く。
⑥パセリのみじん切りをかける。

冬

結崎ネブカと大和いものおやき

①1センチ大にネブカを切る。
②大和いもをすり、だし汁で伸ばす。
③紅しょうが、かつおぶし、①、②をよくまぜて醤油を加える。
④フライパンに油を引き、両面をこんがり焼き色がつくまで焼く。

冬

片平あかねと今市カブの紅白蒸し

①片平あかねをすりおろし、塩をふり、水切りする。
②①に卵黄をまぜる。
③今市カブをオーブンで焼く。
④③に②をのせ蒸す。
⑤大和まなをゆがく。
⑥器に盛り付け、あんをかけ、溶きわさびをのせる。

冬

カブとごぼうのビーフシチュー

①牛肉に塩こしょうをして焼き目をつける。
②①に赤ワインを加えてワインがなくなるまで煮る。
③玉ねぎのみじん切りを茶色になるまで炒め、小麦粉を加える。
④トマトジュース、ドミグラスソース、ビーフブイヨン、ブーケガルニ、②、③を合わせて煮る。
⑤④に赤みそを加える。
⑥下ゆでしたごぼう、焼いたカブを⑤に加える。
⑦ソテーまたは、ゆがいた大和まなを添える。

2章

大和伝統野菜と人をめぐる旅

＝大和の伝統野菜MAP＝

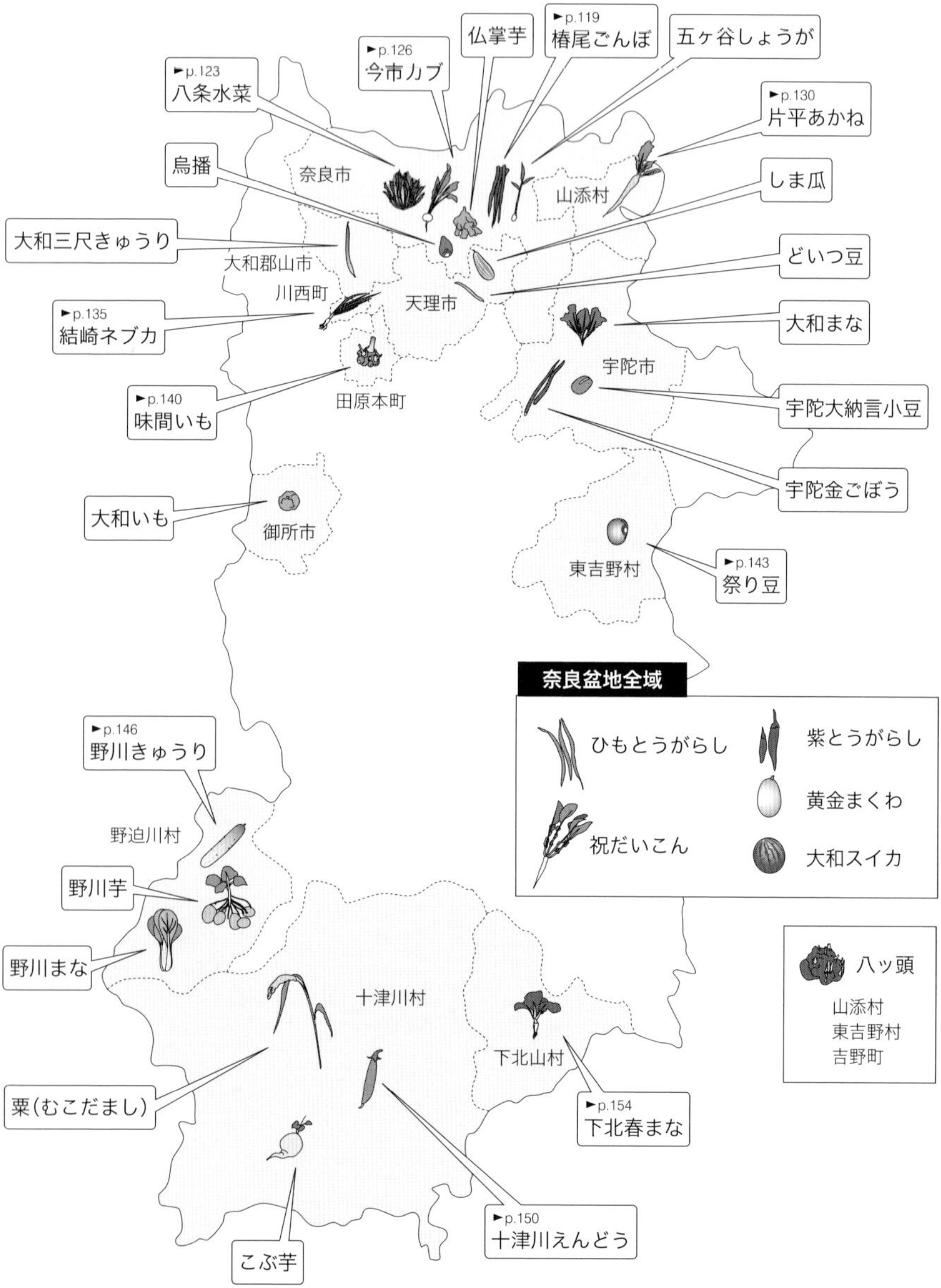

►p.123
八条水菜
►p.126
今市カブ
仏掌芋
►p.119
椿尾ごんぼ
五ヶ谷しょうが
►p.130
片平あかね
烏播
しま瓜
大和三尺きゅうり
どいつ豆
►p.135
結崎ネブカ
大和まな
►p.140
味間いも
宇陀大納言小豆
宇陀金ごぼう
大和いも
►p.143
祭り豆
奈良市
山添村
大和郡山市
川西町
天理市
田原本町
宇陀市
御所市
東吉野村
奈良盆地全域
ひもとうがらし
紫とうがらし
黄金まくわ
祝だいこん
大和スイカ
八ッ頭
山添村
東吉野村
吉野町
►p.146
野川きゅうり
野迫川村
野川芋
野川まな
十津川村
下北山村
粟(むこだまし)
►p.154
下北春まな
►p.150
十津川えんどう
こぶ芋

椿《つ》尾《ばお》ごんぼ

家族野菜のおすそわけ――奈良市椿尾町

椿尾ごんぼの産地は、紅葉の名所であり、清酒発祥の地としても知られる菩提山町の名刹「正暦寺」に隣接する奈良市椿尾町です。北椿尾町には、かつての郡山城城主である筒井順慶が築いたとされる山城跡を有しており、野生の椿が多く自生していることから椿尾と呼ばれるようになったのが地名の由来とされています。

清澄の里の8つの在所のうち、いちばん奥に位置するこの集落は、いまでもむかしながらの山間部地域の面影と文化が受け継がれている地域でもあります。

「ごんぼ」とは、「ごぼう」をあらわす方言です。山間地かつ肥沃な土と半日陰という風土を生かし、むかしか

椿尾ごんぼ

らごぼうと里芋、しょうがの栽培が盛んに行われてきました。この地域での「ごんぼ」の収穫は毎年12月の中頃から。ユニークなのは、お歳暮の時期になると、親戚、そしてお世話になった人々へと、日ごろの感謝を込めて手渡す風習があることです。

泥を落として何本かをきれいに束ね、上と下の2カ所をわらの縄で結わえて、お世話になったひとへ。

なんとも地味な贈りものですが、受け取るひとたちはみな、年の瀬の「椿尾ごんぼ」のお届けを心待ちにしているというほどのおいしさです。けれど、一般には流通していないため、この地域と縁のあるひと以外には、ほとんど知られることなくつくり継がれてきたのです。

僕たちがヒアリングにうかがったのは、親子孫3代で野菜づくりをされている、稲野家。ごぼうはひとつひと

稲野さん家族と椿尾ごんぼ

つ手で掘るので、収穫の手間ひまもひとしお。

春に種を蒔き、芽吹いた苗を間引いて草ひきなどのお世話をするごぼう栽培は、おばあちゃんのミノリさんの担当ですが、収穫期にはほかの家族の共同作業が欠かせないといいます。地中深くまで根を伸ばすごぼうを掘り起こす収穫作業は大変な労力のかかる力仕事なのです。けれど、最近の稲野家では、男3人兄弟のお孫さんたちも、しっかりと力仕事の手伝いができるようになっているというからたのもしい限り。

つくるのが大変で換金性もない。それでもつくり続けられるのは、やはり、収穫を心待ちにしてくれているひとがいるからでしょう。食するひとの喜ぶ顔を思い浮かべながら育てられる家族野菜。むかしもいまも、お世話になったひとたちの顔を想像しながら、愛情を持って栽培されていることがわかります。

また、この椿尾ではもうひとつ「五ヶ谷しょうが」もつくられてきました。奈良県民でもほとんど知らない品種なのですが、お盆の頃に新しょうがとして出荷されます。

稲野家でも、ずっと自家採種をしながらつくり続けていらっしゃるのですが、こちらは、保存の仕方がユニーク。

種しょうがは寒さに弱く、10度以下になると腐ってしまうのですが、五ヶ谷しょうがは、いまでも家の裏山の土を深く掘った横穴、ちょっとした洞窟のような場所に種しょうがを保管して、次のシーズンを待つのです。「いまどき土穴？」と思いますが、伝統野菜の種とともにこうしていまも、むかしながらの知恵や習慣が残っています。

椿尾町のお正月のお雑煮の食材として、ごぼうを欠かすことはできません。

食したときの豊かな香り、そして柔らかい食感を生かして、里芋と大根、そしてお餅を食材に白味噌で味つけられたお雑煮は、この地域の代表的な郷土食です。その他にも、きんぴら、煮物、胡麻和えなどのお惣菜として、冬のあたたかい食卓を演出しています。

稲野ミノリさんと五ヶ谷しょうが

しょうがの保存穴

八条水菜《はっちょうみずな》

自家採種がおいしさの秘訣

奈良市大安寺八条町

水菜には「京菜《きょうな》」という別名があることからもわかるように、京都の東寺付近がその栽培の始まりと言われています。江戸時代の文献にも登場するほどの伝統がある京野菜の代表格。

葉柄が長いのは川で生まれ水に浸かって育ったためで、畝の間に水を引いて栽培されていたことから水菜と名付けられ、また切れ込みの深い葉が特徴であることから「ヒイラギ菜」、多くの葉柄が密生することから「千筋水菜」とも呼ばれているのをご存知でしょうか。

京都で生まれた水菜は、ハリハリ鍋やすき焼きなどの鍋料理をはじめ、サラダなどに利用され各地に広がって

八条水菜

いますが、奈良県でもブランド野菜として知られる水菜が存在します。

それが、奈良盆地の一角である奈良市大安寺八条町を生産地とする「八条水菜」。

大安寺八条地域は、竹供養で知られる「大安寺」の西側に位置する地域。平坦な地形に水田地であるこの地域では、水稲の裏作として、かつては麦や小麦を栽培していたのですが、その後、水菜栽培にとって代わられるようになりました。八条で育てられた水菜は、細くて白い茎、柔らかい食感が市場で高い評価を得てその名が知られ、地域の名を冠して八条水菜と呼ばれるようになりました。

ここ数年は水菜をサラダとしてシャキシャキのまま生食する習慣が根付きつつありますが、それまでは家庭の食卓では基本的に、鍋料理の具材や漬物として調理がされてきたと思います。とくに関東で栽培されてきたものは、野趣に富んでいて、生食には向いていませんでした。

でも、この八条地区では戦前にはすでに、サラダ水菜のような柔らかい水菜が栽培されていたというから驚きです。

出荷のピークは11月上旬から1月下旬頃。

先代より八条水菜の種を受け継ぎ、約半世紀にわたって栽培を続ける前本義一さんに優れた品質の秘訣を尋ねてみると、自家採種により長い年月をかけてこの「柔らかい品種」を育ててこられたということでした。種を採るための親となる株を選ぶのは長年の経験と勘が頼りになります。各農家によって微妙に異なる個性があるのも興味深いところです。

平成17年に大和野菜の認定を受けますが、その際の品目は「千筋水菜」となっています。国内外で需要が高まっていることから、生産地拡大を見越して地域名ではなく品種名がつけられたということです。

とはいえ、長年にわたるつくり手の研究と努力、そして八条の気候風土によって生まれてきたものですから、僕のなかではやっぱり「八条水菜」。鍋や漬物をはじめ、炒め物やサラダなどアイデア次第で幅広く調理することができる、親しみやすい大和の伝統野菜として、レストランでも重宝しています。

今市《いまいち》カブ

復活に賭けた若手農家の挑戦

奈良市今市町

江戸時代の農書「百姓伝記」や「農業全書」のなかで、大根に次いで多く記述されている作物がカブ。カブは別名「スズナ」とも呼ばれ、春の七草としても知られるように、日本では古来から大切に栽培されてきた作物のひとつです。こうして古くから栽培されてきたカブの品種は数多く、現在も地域ごとに多くの特産的な品種が存在しています。

いちばん代表的なのは、京都の「聖護院かぶら」。大きさも日本最大とされるこのカブは、繊維が少なく煮くずれしにくいことから、京料理のかぶら蒸しや煮物に用いられるとともに、京都の名産品である千枚漬けに加工さ

葉もやわらかくみずみずしい、今市カブ

れます。

次に、滋賀県から三重県にかけて栽培されている「日野菜カブ」。一見すると大根のような細長い形状で、上半分が紫色、下半分が白色という個性的な色合いが特徴ですが、このカブも有名な特産品である「日野の桜漬け」の材料として加工利用されています。

同じ関西でもうひとつ、大阪の伝統野菜である「天王寺カブ」は、中型で白い皮の品種で、主に煮物に調理されます。

そして、奈良県の伝統野菜である「今市カブ」は、安産祈願のお寺として有名な「帯解寺《おびとけでら》」の近隣である奈良市の今市町で生まれた品種。

「イマイチっておいしくなさそうな名前ですが、決してそういう訳ではありません」とレストランで紹介するときには必ずこんなひとことを添えて、お客さまに笑いながら覚えていただいています。大きさは直径5センチほどの中カブの部類に入り、白い皮色とお餅のような偏球形が特徴。風味がよく、肉質も柔らかいことから、ふろふきなどの煮物や漬物として親しまれており、柔らかく煮込んだカブを吉野葛の餡かけで召し上がっていただくのがレストランでは好評です。葉の部分が食材として優れていることも特徴で、柔らかくて癖のない葉も、小松菜みたいな食感で食べることができ、余すところなく、まるごとおいしくいただける素晴らしい品種です。

一説によると、これを信州に持っていって栽培しようとして生まれたのが、野沢菜漬けの材料として知られる「野沢菜」なのだとか。ちなみに、野沢菜のように、根よりも葉を主として利用する品種は、蕪菜《かぶな》と呼ばれています。

萩原健司さんと今市カブ

こんなにおいしいところだらけの「今市カブ」なのですが、中型のカブゆえに重量を揃えるためには収穫量と手間が見合わないことから、栽培する農家も徐々になくなり、今市町での栽培は昭和30年代を境に一旦途絶えてしまいました。

しかし、「大好きなおじいちゃんの育てていた野菜をもう一度復活させたい」といま再び栽培を始めた青年がいます。代々続く苺専業農家の萩原健司さん。30代の若者ですが、両親の健さん、智世子さん、そして妻の実加さんとともに県内の種苗会社に保存されていた種を自分の畑で復活させ、栽培に励んでいます。萩原家の育てる「あきひめ」「古都香」といった苺は県内外でブランド苺として多くのレストランシェフが愛用していますが、懐かしくて新しい今市カブを育てているときの、萩原さんの嬉しそうな表情が印象的でした。

萩原さんとご両親

片平《かたひら》あかね

住民たちが名づけ親――山辺郡山添村片平地区

カブは地域の気候風土をそれぞれの異なる風味で表現してくれる野菜のひとつですが、奈良にはもうひとつ、どうしても紹介したいカブがあります。

その名も「片平あかね」。

初めて耳にされた方はサスペンスドラマで有名な、あの女優さんの名前に似た響きの野菜ですねと言われることも度々（笑）。これは、三重県との県境に位置する奈良の小さな集落で、大切に育まれ、食べられてきた伝統野菜の名前です。

それぞれの土地の気候風土で育まれてきた伝統野菜の姿は個性的で、色彩も多様。大和の伝統野菜も例外なく、個性的な野菜たちが顔をそろえていますが、そのなかでもひと際目を惹くのが、この片平あかねという鮮やかな赤色のカブではないでしょうか。女優さんではありませんが、個人的には、大和伝統野菜のなかでいちばん美しい野菜だと思っています。

美しい彩りと優しい響きの名を持つ、山添村片平集落の伝統野菜である片平あかねは、平

片平あかねと片平地区

成18年に、奈良県が大和野菜のひとつとして認証し、ひろく知られるようになりました。

カタチ以上にユニークなのは、その年の春に、このカブの名前を決めるための住民投票が行われたこと。それまでは、形が日野菜に似ていることから地元では「ひのな」または「タクアン」と呼ばれていたのですが、大和野菜認定をきっかけに、名前を決めることになったのです。37戸、約140人の片平区民によって、美しい「あかね色」に「片平」の地名を冠した片平あかねが選ばれました。

住民全員で名付けられた伝統野菜というのは、全国でも珍しい事例となります。

片平あかねのふるさとは、奈良県の北東部、三重県との県境、山辺郡山添村片平の集落。美しい川があり、寒暖の差がある土地柄ゆえ、おいしい緑茶と長寿の村。最近では、農家民泊でも注目されています。

同じ山添村でも、ほかの集落ではみな、滋賀県と三重県の名産である日野菜を栽培していて、この特徴的なあかね色の品種だけを選抜して残してきたのは片平集落だけ、というからなんとも興味深い話です。

集落内で評判のよい種を交換しあうこともあり、集落で採種を行うことによって美しい赤い系統が選抜されてきました。伝統的な採種の方法は、種採り用の株の根を一部カットし、その先に十文字の切れ込みをいれて再度植えつけます。このとき、他のアブラナ科の野菜と交雑しないように、畑から少し離れた場所に植えておかれた株は、翌年の春に黄色い菜の花を咲かせた後に新しい種を実らせます。そうして100年以上前から粛々と守り続けてきた種なのです。

ほかの大和の伝統野菜の多くがそうであるように、戦前から片平の農家が、家族や近隣で食し、そして親戚、知人に贈る自給野菜として栽培されてきました。

俗に言う「赤カブ」は、外の皮の部分だけが赤く、中が白い品種もありますが、片平あかねは、中も美しいあかね色。一見すると、大根か人参かカブか……見分けがつかないその美しい色と細長いカタチ、独特の風味が特徴で、この地域では三段階に分けて食されてきました。

南出伊都子さんと片平あかね

まずは秋に種をおろしたカブの直径が1センチ以下の「間引き菜」を、その葉の部分と一緒に塩をして刻み、酢と砂糖で甘酢漬けに。

そして11月頃になると地元では「タクアン」と呼ばれる大根型のカブの部分を薄くスライスして同様に甘酢漬けに。酢を加えることによって赤色がより鮮やかに発色し美しい色の漬物となります。

最後は寒さが厳しくなる12月に、すべてを収穫して、直径が3センチ程度に成長したカブと葉の部分を一緒に漬け込み「長漬け」に。この長漬けは紅しょうがによく似た濃い鮮やかな赤色となり、冬から春にかけて片平の食卓に欠かせない保存食ができあがるのです。

それぞれに口に含むと、程よい歯ごたえ、甘酢の香りとともにこのカブ独特のまろやかな風味が広がり、ご飯やお酒のともになります。

片平あかねは、そのつくり手、そして産地である片平集落にとっては特別なものでも何でもない生活文化の一部です。そんな野菜に地域名が冠され地元のシンボルとして受け継がれていくことの素晴らしさを教えてくれた野菜です。

結崎《ゆうざき》ネブカ

復活を遂げた伝説の野菜

磯城郡川西町

世阿弥による観世能発祥地として知られる川西町。大和盆地のほぼ中央に位置するこの川西町には、ひとつの伝説が口伝として伝わっています。

「室町時代のある日のこと、一天にわかにかき曇り、天から怪音とともに寺川のほとりに一個の翁面と一束の葱が降ってきた。村人は能面をその場にねんごろに葬り、葱をその地に植えたところ、みごとに生育して結崎ネブカとして名物になった」

ここに登場する「結崎ネブカ」とは、かつては大和平野で広く栽培され、特に結崎村（現・川西町）で多く栽培されていたことから、「結崎」の名が冠せられた九条ネギに代表される葉ネギの一種。「ネブカ」とは江戸中期の方言辞典『物類称呼』（1775年）によると、ネギを表す関西の方言とあります。

こうして伝説として語り継がれ、戦前まではたしかに存在した「結崎ネブカ」ですが、その柔らかさゆえに葉がフニャリと折れやすい特徴は市場流通では見栄えが悪い。そんな理由

結崎ネブカ

から、栽培は次第に衰退し、その種はもう絶滅したかに思われていました。

ところがある日、古くからの住人のひとりである宇野正増さんが、自家消費用として結崎ネブカの栽培を行い、先祖代々からの種を受け継いでいることがわかったのです。

絶滅したかに思われていた伝説の野菜を広く復活させるため、宇野さんが守ってきた種、すなわち「地域の宝物」を種火にした、まちのひとたちの取り組みが始まります。生産農家と川西町商工会、そしてJAならけん川西支店が力を合わせたこの取り組みが実を結び、平成15年度に「奈良県まほろば地域づくりコンテスト奨励賞」を、翌年度には「毎日・地方自治大賞奨励賞」を受賞。そして平成17年には、奈良県のブランド野菜の証である「大和野菜」の認証も獲得しました。

川西町といえば、これまでは全国でトップシェアを誇る「貝殻ボタン」製造のまちとしてよく知られていましたが、平成に入って新

宇野正増さん

たな特産品としての地位を確立した結崎ネブカ。日本全体にスローフードブームがひろがり、「地産地消」という地域の食材を見直す機運のなかで、地元の学校給食や食育などにも取り扱われることにより、川西町の人々に地域を見つめるまなざしも提供しています。

この復活プロジェクトにコンサルタントとして関わった、中小企業診断士の梅屋則夫さんは「結崎ネブカ復活物語運動は、産業創出を超えた新しい価値の創造」とおっしゃっています。その言葉からは、特産品を生み出したという結果だけでなく、そのプロセスを通して川西町がひとつになり、新しいまちづくりが始まることを大切にしていきたいという思いが感じられます。

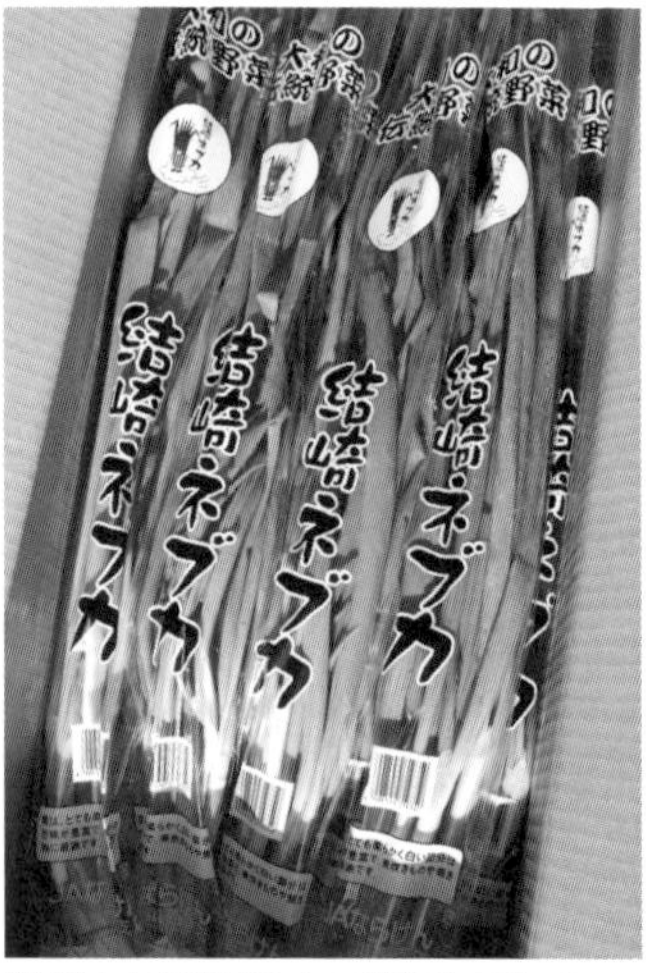

現在は大和野菜として流通している

さて、この結崎ネブカ、日持ちがしない、割高、葉が折れやすくて見栄えが悪い、という欠点もありますが、なんといっても京野菜として珍重される九条ネギと比較しても柔らかな食感と甘みが特徴。すき焼にしても甘味が引き立ち、郷土食の「ぬた和え」も地元では人気の料理法です。

「柔らかくて折れやすいので、栽培の手間はかかるけど、おいしいので家族で食べるためにつくり続けていた」と宇野さんは言います。

宇野家では、出荷用には換金性の高い九条ネギを、自家用には結崎ネブカをつくり続けていらっしゃったのです。「家族が好きだから」「甘くておいしいから」という、個人的でもっともシンプルな理由により、たった一軒の家族に脈々と受け継がれてきた一握りの種は、新たな川西町のシンボルとして、未来にまちの歴史と文化を伝える種火、そして「語り部」となったのです。

味間《あじま》いも

物語を伝えるブランディングの手法――磯城郡田原本町

各地でさまざまな品種が作付されている里芋ですが、奈良県にも、興味深いエピソードを持つ品種があります。それが、田原本町味間地区でつくり継がれてきた「味間いも」です。元々この地で栽培されてきた説と、戦前に奈良県の農業試験農場があったことから、その試験場へ世界中から導入された試験品種のひとつだという説など諸説あるのですが、いずれにしても戦前からこの地で愛され、栽培が行われていたことは確かなようです。

数ある里芋の品種のうち、まず、秋いちばんに市場に出回る「石川早生《いしかわわせ》」。旧暦8月15日のお月見が別名「芋名月」と呼ばれるのも、この時期収穫されたばかりの里芋をお供えするからだとか。全国に流通している里芋の8割がこの石川早生の系統品種といわれています。

そして、八ッ頭。親芋が分裂したようなユニークなカタチが特徴的。関東では、八ッ頭を食すると「世間の頭になれる」縁起物として、酉の市などで販売されるそう。奈良県でも、自家消費用の作物として、吉野郡の山間部で継承されてきました。

京野菜として、その独特のフォルムとともによく知られるのが、「海老芋」。その名の通り、湾曲したフォルムの表面にえびのような横縞があります。特有の風味と少しの甘みがあり、煮崩れしにくいことから、ほかの里芋とは別格扱い。高級食材として、冬の京料理などにも珍重されます。

ほかの地方の特産品では、福井県大野地方の特産である「大野芋」や、南西諸島の水田で栽培される「タイモ」などが知られています。

一方で、あまり知られていない品種が、この「味間いも」。

その特徴は、親芋、小芋、ともに食用となることで、小芋の形状は県内の里芋のなかでは最も球状に近い。

肝心の味はというと、烏播《うーはん》のようにムチンが多いと粘

親芋が分裂したような形の八ッ頭

味間いも

りが強く、八ッ頭や海老芋のようにでんぷんが多いとホクホクするのですが、味間いもはちょうどその中間で、非常にバランスのよいおいしさを持つ里芋。お店では、煮物にすることが多いのですが、心待ちにしてくださるファンの多い伝統野菜のひとつです。

そうそう、冒頭で述べた興味深いエピソードとは、この味間いもが、松下電器産業㈱の創始者である松下幸之助さんの好物であったということ。松下電器産業の役員が味間地区出身者であったことから松下幸之助さんに届けられたらしいのですが、ちょっとユニークな物語を持った品種といえます。

また、そのおいしさが評判となって周りの地域でも生産量も増えてきました。

このように野菜の持つエピソード、物語性が表現されていくことで、伝統野菜とともに地域がブランディングされるきっかけになることがあります。ときに伝統野菜は地域の物語を伝えていく語り部としての役割を果たしてくれることもあるようです。

祭《まつ》り豆《まめ》 ——人から人へ、ひそかに伝わるふるさとの豆——

吉野郡東吉野村

妻の陽子が生まれ育った奈良県吉野郡東吉野村は、幕末の１８６３年、改革を望んだ尊王攘夷派の若者、天誅組《てんちゅうぐみ》が最期をむかえた天誅組終焉の地。また、明治38年に、日本で最後のニホンオオカミが捕獲された場所としてもよく知られています。

この村で食されている「祭り豆」は、つい最近までその食感をあらわす「モチモチいんげん」「モチモチ豆」と呼ばれ、東吉野村伊豆尾《いずお》集落を中心にした数軒の家で自家用に栽培されてきました。そのなかの一軒が、陽子の実家。つまり、僕たちのおかあさんがつくり手であり、陽子には子どもの頃からなじみ親しんだお豆さんです。

鮮やかな紫色が特徴の祭り豆

換金作物として流通することなく、地域だけで守り継がれているという点では、紛うことなき伝統野菜。僕たちがこのような活動をするようになって「これは立派な伝統野菜だよ」と伝えたところ、地元で栽培しているひとたちでこの宝物に名前を付けよう、ということになりました。

こうして、地域のひとたちによって新しく与えられた名称が「祭り豆」。

名付けられた理由は、7月の夏祭りの頃に種を蒔き、10月の秋祭りの頃に収穫するからなんです。どこか郷愁を誘うその響きも、とてもいい名前だと思います。

はじめは数軒のみでつくられていたこの豆ですが、そのおいしさが評判をよび、近所のあちらこちらへ嫁入りするようになり、いまでは村内でも多くの方がこの祭り

祭り豆と陽子とお母さん

豆を作付けされています。

お母さんからいただいた豆は僕たちの畑でも、毎年栽培していますが、なかなか東吉野村のように豊作といった成果は得られません。豆は全国にいろんな品種の残っている気候風土の結晶のような存在。岩手県の黒大豆「雁喰《がんくい》豆」や山形県鶴岡市の枝豆「だだちゃ豆」のように気候風土に左右されやすい品種なのかもしれません。

歴史のある東吉野村のなかで、村のお年寄りのみなさんが子どもの頃から食べていた、そして両親の時代にも栽培されてきたというところまではヒアリングで追いかけられたのですが、その先が不明。またいつどこで誰がこの祭り豆を村に持ち込んだのかも、いまだ謎のままです。あまりにも身近にあった「宝物」を大切にしていきたいと思っています。

野川《のかわ》きゅうり

信仰の道を旅してきた種たち

吉野郡野迫川村

野川きゅうりの産地は、野迫川《のせがわ》村の野川地区。

野迫川村は奈良県の西南端にあり、村内を世界遺産「紀伊山地の霊場と参詣道」のひとつ「熊野参詣道　小辺路」が通っています。

1千メートルを超える紀伊山地西部の山々に囲まれた地形では、雄大な雲海に、樹氷、白樺の林を目にすることができ、県内でも異彩を放つ自然美を誇っています。

その一角である野川地区は、現在の地図上にはもう「野川」の名称をとどめていませんが、幕末の文久元（1860）年に始まった高野豆腐づくりの発祥の地としても知られている歴史ある地域です。

半分は緑、半分は白色の野川きゅうり

ここは、高野山と大峰山を結ぶ信仰の道である「すずかけの道」が通い、参詣者のための宿坊があったため、村内でもさまざまな情報やモノが伝来する中核でした。伝統野菜もそのうちのひとつで、野川きゅうり、野川まな、野川いもなど、この地の気候風土とともに受け継がれてきた個性的な在来品種が数多く残るエリアです。

野川きゅうりは外見もユニークで、少しずんぐりとしてイボは黒く、半分緑と半分白色の特徴を持った「半白きゅうり」と呼ばれるタイプ。このきゅうりはとても瑞々しく、かつては、丸ごとに軽く塩を含ませて、山仕事に出かけるときの水分と塩分を補給する水筒の代わりに食されたそうです。食べたらなくなって荷物にもならないし、なんと合理的！

このような知恵は海外でもみられ、たとえばメロンの

野迫川村の野川地区。奥の建物でかつて高野豆腐がつくられていた

産地として有名な中央アジア・トルクメニスタン共和国でも、同じようにメロンが飲料代わりに食されてきたといいます。

また、皮がしっかりとかたくて、かじるとパリっとした食感なのも特徴のひとつ。皮のままスライスして酢の物にする郷土食「もみうり」にしてもおいしく、またあるときには子どものおやつに、そして漬物にと、さまざまな方法で食されてきたきゅうりです。

高野山に隣接する深い山々からもたらされる美しい水と豊かな自然を生かし、この野川地区に暮らす人々は、古くから林業、わさび栽培、あまごの養殖などで生計を立ててきました。昭和24年の台風の大被害によって生産がなくなった高野豆腐づくりですが、高野豆腐伝承館を開設するなど、豊かな自然の恵みを取り入れる知恵と食

貯蔵性が抜群で、年を越すと甘みが増す野川いも

野川いもを育てる冨家豊治さん

文化の歴史を、地域の文化遺産として大切にする取り組みが行われています。

なお、野迫川村では20年ほど前から、野迫川村郷土料理研究会が中心となり、地元の食文化を見直す試みがすすめられています。この郷土料理を通じて、スロバキア共和国との国際交流というユニークな取り組みも行われてきました。

村史を紐解けば、かつて「すずかけの道」には多くの大峰行者や、高野・熊野詣での巡拝者が往来し、野川村の宿坊では、1日に80人もの客を泊めることもあったと記されています。いま栽培されている野川きゅうりの種も、かつて信仰の道を旅してもたらされたものかもしれません。種の旅に思いを馳せてみると夏の食卓に壮大な歴史ロマンが広がってくるようです。

野川きゅうりを大切に育て続けてきた中田敬子さん

十津川《とつかわ》えんどう

山間地域は家族野菜の宝庫

吉野郡十津川村

奈良県の最南端に位置する十津川村は、奈良の市街地からも遠く、陸の孤島と言われるほど山深い環境に位置しています。

ここで僕が好きな伝統野菜は、出谷《でたに》集落の「十津川えんどう」。

日本の食卓で最もポピュラーなエンドウマメは、大阪の羽曳野市が発祥の地とされる「ウスイエンドウ」ですが、各地に伝統的な品種が受け継がれています。

エンドウマメには、グリンピースのようにさやを剥いて実だけを食べるものと、若さやを収穫してさやを味わうものと、ふたつのタイプがあります。

乾燥しても皺にならない十津川えんどう豆

十津川えんどうは、グリンピースと同じタイプの実えんどう。

でも、そのままさやを大きく育てると、しっかりと熟した実が、大豆のようにつやつやとした皺のない豆になります。実際に、この地域では収穫したエンドウマメをグリーンピースとして利用する他に、しっかりと熟した豆を大豆の代用として「えんどう味噌」がつくられています。

また山間地ゆえ、むかしもいまも、水田が少なく、その分、トウモロコシ、粟、黍《きび》などの雑穀文化が豊かな地域です。僕たちがレストランの開店時に幻と追いかけていた粟「むこだまし」もここで見つかったのですが、十津川村では、粟だけでも、もちあわ（早生）、みどよ（中）、むこだまし（晩生）の3種類が栽培されています。特性

5月上旬に白い花を咲かせる十津川えんどう

と収穫時期が異なるものをつくることで、病虫害のリスクヘッジを行うと同時に手間を分散するという暮らしの知恵でもあります。

水田が少ないことでもうひとつ興味深いのが、畑でもつくれる「陸稲（りくとう／おかぼ）」が行われていること。

また、世界でいちばん高価なお米、パキスタンの「バスマティ米」は「ジャコウの香り」がする香り米として有名ですが、これに限りなく近い香りのする「ネズミ米」も十津川村の伝統的な稲の品種です。

十津川村では、集落同士の距離が離れているので、十津川えんどうだけでなく、ほかにもさまざまな野菜の自家採種がいまも生活文化としてあたりまえに行われています。めはり寿司に使われる高菜も、やはり家ごとに柔

色とりどりの大和のとうもろこし

らかさや辛味が少しずつ違うものが受け継がれています。

少し珍しい野菜としては、こぶ芋という白くてコブのように丸い形状のサツマイモがあります。干し芋用品種として優れた加工特性があり、飴色の郷土食「ほしかいも」に加工され、子どものおやつや保存食として食されてきました。

このように奈良では換金作物が作付されてきた奈良盆地よりも山間部に伝統品種が受け継がれていることが分かってきました。日本で一番大きな村である十津川村は伝統野菜の宝庫でもあるのです。

こぶ芋

下北春《しもきた》まな

おかあちゃんが始めた食農教育と加工品づくり――吉野郡下北山村

最後に紹介する「下北春まな」の産地である下北山村は、大峰山系から流れる清らかな水と山々に包まれた澄みきった空気、そして温暖な気候が特徴です。

ここで栽培されている「下北春まな」は、同じ大和伝統野菜の「大和まな」とはまた別ものので、切れ込みがなく丸みかかったカタチの小松菜のように濃い緑色の葉、そして肉厚で甘味があり、親しみやすい独特の風味といった特徴を持っています。食卓での調理方法としては、おひたしや煮物としては小松菜のように、炒め物や漬物としては高菜のようにと、両方の代用ができる優れもの。

各家で採種した種を9月下旬から11月上旬にかけて蒔

下北春まな

き、1月から2月にかけて収穫します。収穫後きれいに洗って塩漬けにした葉にごはんを包みこみ、めはり寿司をつくります。めはり寿司は、隣の十津川村では主に高菜が使われていて、こちらは「日本のおにぎり100選」にも選ばれています。下北山村では、これを下北春まなで包むアレンジがなされていて、「泊《と》まり山《やま》」とも呼ばれています。めはり寿司同様、むかしから、泊まりがけの山仕事にお弁当として持っていくのに重宝される郷土食です。

長年、集落のみなさんの自給野菜としてつくられていた下北春まなですが、約20年前に「新しい村の特産品をつくろう！」と、生産農家と村商工会が中心となって開発した浅漬け「春まな漬」の商品化をきっかけに県内にひろく知られるようになり、平成20年春には大和野菜にも認証されました。

集落でそれまで「あたりまえに」つくられてきた下北春まなに着目し、この「春まな漬」特産化に際して並ならぬバイタリティで尽力してこられた女性が、日浦マサさん。彼女は、僕たちがそれまで訪ねたほかのつくり手のみなさんのように「つくりやすいから」「家族が好きだから」という理由に加えて「先祖代々受け継いだ大切な種を、次の世代に伝えていかなければならない」という強い意識をもって、野菜を育ててきた方でした。

「家庭での種採りはむかしから女性の役割だったから、日浦さんの思いもわかる気がするの」と陽子は言います。もしかするとそれは、未来にいのちを育む女性性の本能のようなものかもしれません。

そんな日浦さんがいま、下北春まなの栽培とともに取り組んでいるのは食農教育です。

村の中学校で、下北春まなの育て方だけでなく、種の採り方を伝えています。農家さえほとんどが種を購入する時代に、地元の伝統野菜を育て、なおかつ種採りまでを体験させるという授業は全国的にも珍しいことです。

子どもたちが地元のことを忘れないように、未来にこの種を受け継いでいけるようにとの願いをこめて……、次世代への種蒔きは始まったばかりです。

食農教育にも取り組んでいる日浦マサさん

商品化された春まな漬

3章

ちいさな種から始まる豊かな暮らし

いま、「プロジェクト粟」が注目される訳

自分でこんなタイトルをつけるのもおこがましくてどうかと思うのですが、「農」「種」「地域コミュニティ」「コミュニティデザイン」そういったものがあらためて見直されるようになってきたこの時代、これまで以上に「プロジェクト粟」への人々の関心が高まってきているように感じます。

そのひとつの目安が、取材の数と内容です。レストランを開店してからこれまでの約10年間に、新聞、雑誌、テレビからの取材が700件を超えています。レストラン紹介に人物紹介、時流のテーマにあわせてスローフード、大和伝統野菜、コミュニティビジネス、地域づくり、そして社会起業家としての側面に焦点をあてたものまで多岐にわたっています。13年前に大和伝統野菜の調査を始めた当初はまったく予想もできなかったことです。

では、プロジェクト粟の何が注目されているのでしょうか？

いま、地方分権が叫ばれ、各地域が自立し魅力あるビジョンの創出と、それを実現してゆく主体的な地域づくりへの取り組みが求められています。

プロジェクト粟の取り組みは、産業の創出は株式会社「粟」、文化継承や伝統野菜の調査研究・栽培保存といった公益の活動はＮＰＯ法人清澄の村、そして農村集落の維持を目的に営農を行う五ヶ谷営農協議会が連携し協働することによって地域内外の幅広い立場と能力を持つ人々の参画と交流を促し、そのネットワーキングが、地域コミュニティの再構築をビジョンとした利益、共益、そして公益のバランスのとれた事業展開を可能にしています。

ふたつのレストランでは清澄の里で育てられた伝統野菜を料理、または和菓子などに加工することよって、サービスに一次産業のもつ物語性、顔の見える安心・安全性を付加価値として表現し、また同時にエンドユーザーや調理部門からのフィードバックを生産品目と生産量に直接反映させることでロスの少ない計画栽培と、ブランディングイメージの向上を生み出し、その結果として生産とサービスの好スパイラルを実現することに成功しています。レストラン部門の年間稼働率は95％以上となり、高い顧客のリピート率を得ています。

現在の農を取り巻く環境は、輸入野菜との価格競争という現実と向き合いながらも、食糧自給率、海外の農地面積の減少、水不足、地球温暖化による環境変化から推測されるインフレを内包したデフレへの対策という不確定な要素に包まれています。

そのようななか、農業は長年イノベーションの起こりにくい分野でしたが、農商工連携と言われるように、近年になって観光、商工業、そして地域創造といった分野との一元化に向けた取り組みが注目を集めています。プロジェクト栗の取り組みも、農業の六次産業化を通して、地域づくりを行うひとつの事例とされています。

中山間地域における農業の自立は、農村地域の自立と同義です。伝統野菜という地域資源を核に、かつての農村が持ち得ていた地域産業と、自立した地域自治のエッセンスを再構築し、産業区分によって失われつつある人と人とのつながりや農村文化と価値観を結び直してゆくまなざしが、プロジェクト栗の魅力となっているのではないでしょうか。

2 ちいさな農業で日本的スローライフ

僕と陽子が、種をキーワードに宝探しをしていた時代に出会ったひとのなかに、塩見直紀さんという方がいます。「半農半X」というコンセプトを掲げ、京都府の北部、綾部市で「21世紀の生き方、暮らし方」を提唱している塩見さんとは、かれこれ10年来の親しい仲。時のコンセプトワーカーとして注目を集める塩見さんが唱える「半農半X」とは、

「持続可能な農のある小さな暮らしをしつつ、天の才（個性や能力、特技など）を社会のために生かし、それぞれの天職（X）を行う生き方、暮らし方」

と定義づけられています。

専業農家ではなく、家庭菜園や自給菜園といった「ちいさな農」を取り入れつつ、自身の得意なことをテーマに糧を得て社会に貢献していく。この考え方は、耕作放棄されて荒れてしまった農地をよみがえらせるだけでなく、土から離れた多くの人と自然を結び直し、不透明な時代に地に足をつけて行きてゆく指標にもなるように感じられます。

塩見さんから紹介していただいた話で、パプアニューギニアのオロカイバ族には、少女が結婚する前に、相手の少年の手がける菜園を見にいく習わしがあるそうです。菜園を見れば、それを手がける人の性格を読み取ることができるとかたく信じられているとのこと。たしかに人が手がけている畑を観ることは興味深いです。ガーデニングのように芸術的な畑。物差しで計ったように計画的で整理された畑。おおらかで一見すると畑と思えないような自然味あふれる畑などさまざまです。畑はその人を表し、畑で生命を育むことは、世の中のありとあらゆることに共通する学びの機会を与えてくれるように思います。

たとえ「農」の部分が人生の半分まで占めなくともいい。各々の出来る範囲で、ベランダ野菜やプランター菜園、週末の農園通いでもいいと思います。普段ライフスタイルが重なりにくい家族が、週末に野菜づくりを中心に集う、楽しむという暮らしのスタイルが広がることを願っています。農家でなくても、つまり商売としての農業でなくても、そうした家族の菜園を、ひろく「ちいさな農業」と名付けて大切にしていきたいと思っています。そこには日本の未来を豊かにする大きな可能性が感じられるからです。

近年、「自分らしい暮らし」を模索するひとたちが増えています。そんな「自分らしさ」のなかに「食」のキーワードを置いてみることで暮らしを豊かにするヒントが見えてきます。

家族で共有する畑が始まりとなって、「この品種、去年もおいしかったね」「もう10年も育てているね」「これはおばあちゃんが好きだったね」「この野菜はお父さんのレシピがいちばん合うね」。そんな会話が食卓に溢れる、家族みんなで共有できる「わが家オリジナルの伝統野菜」を育ててみてはいかかでしょうか。

日本だとか大和だとか大きな単位に縛られずに、家族の嗜好性を大切に、ご縁があった野菜と自分たちの暮らす自然環境・気候風土に適した野菜を育て、種を継いでいくことは、伝統野菜がもつエッセンスを生かしていくことにもつながっていきます。いま僕たちが伝統野菜と呼んでいるものもいつか誰かがそうして始めたものなのですから。

そんな家族の食卓から始まる食文化の共有が、現代の豊かな暮らしの礎になり、日本的スローライフの原点になっているのではないでしょうか。

3 種をつなぐ

命をつなぐ安心感

農的暮らしと伝統野菜を核にした地域づくりの原点をふり返ると、そこにはいつも22歳のあの日、ネイティブアメリカンの集落で見た、トウモロコシの種があります。

集落のコミュニティが、トウモロコシを共同で育てることで成り立っていて、女性たちは母から娘へと料理のレシピを継承する。コミュニティという横軸と世代間という縦軸を横断して、ひとつの文化を共有する核にあったのが「先祖代々受け継がれたトウモロコシの種」でした。

僕たちはいったい、「種」から始まる何に理想の未来を感じたのでしょう。

種を購入することがあたりまえの時代、実際に経験したことのある方は少ないかもしれま

せんが、「種採り」の作業を体験すると、そこにわき上がってくるのは「ほっとする」感覚です。種が上手に採れてほっとするだけではなく、命をつないだ安心感のようなもの。しかも、野菜そのものの命をつないだというだけではありません。その野菜を翌年もまたいただいて生きられるという、自分たちの生命もつなぐことができたという大きな安心感。心の中に眠っていた大切な感覚、忘れていた生命をつなぐ生活文化が、たしかな温度をもって自分の手によみがえるような感覚です。

これは、スーパーに行けば余るほど野菜が積まれていて、お金を出せば欲しいときにいつでも手に入れることができる現代に、失われてしまったリアルな感覚と言えるかもしれません。

僕たちは「野菜を買う」あるいは「種を買う」ということで、命の存続の為に不可欠なことをお金で解決することの代償として他の人とつながることの必要性、自然と助け合いながら成長すること、そして生きることのリアルさと、そのなかから生まれる他人への、自然への感謝の機会を少しずつ見失ってしまったのではないでしょうか。

どんなに野菜を上手に育てる人でも、避けることのできない異常気象や災害に見舞われたときは「困ったときはお互いさま」という日本の美しい気風、風情はこうしてリアルな自然と向き合う中で、自然と育まれてきたことなのかもしれません。

僕たちが以前、種の交換会でネットワークをつくり「リスクヘッジ」したように、ご近所さん、コミュニティの間でもいざというときに備えて「お互いさま」と助けあう行為が生まれていくのは自然なことです。そして、自身の食卓を豊かにするためにも他の人と常に情報を共有し、新しく知った種を薦めあうことによって、つながりが生まれていくのです。

粟を見守ってくださる田の神さまに収穫物をお供えする気持ち、あるいは年に一度の新嘗《にいなめ》祭《さい》に、収穫したお野菜を神饌《しんせん》としてお供えをさせていただくときに感じる気持ちも同じです。こうした機会に村のお年寄りが口にされる「お供えさせていただけることがありがたい」「こうして今年も無事に収穫できたのも神さまのおかげ」という言葉も、命をつなぐ生活文化を体験してこられたからこそ、自然と生まれてくる感謝の気持ちのように思います。

エアルーム（家宝種）プロジェクト

興味深いのは、「おいしくて（換金性より嗜好性）」「つくりやすい（気候風土、地域性にあっている）」という理由で伝統野菜をつくり続けてきたのは、世界各国の民族で共通しているということです。

アメリカではこれを「エアルーム野菜」と呼んでいます。

エアルーム（Heirloom）とは、先祖代々受け継がれていくもの、家宝という意味があり、その土地に根ざして物語とともに大切に受け継がれてきた品種です。日本語では「家宝種」とも訳されます。対して、人工的に品種改良されてできた一代限りの種をハイブリッド（一代交配種）と呼んでいます。アメリカでエアルー

色、形、風味も多種多様なエアルームトマト

花のような形のズッキーニ、星のような断面のオクラ。清澄の里で育つエアルーム野菜

ム野菜の存在に光を当てたのは、一流の有名シェフたちでした。希少性もさることながら、なんといってもその「おいしさ」に着目したことは、想像に難くありません。

最近は日本でも、おなじみの赤や黄色だけでなく、白やこげ茶、オレンジ、グリーンなどカラフルで、かたちや大きさもさまざまな「エアルームトマト」は、人気が高くてよく知られています。近代の日本同様、モノカルチャーが進んだアメリカで、このようなムーブメントが起こっていることは、決して偶然ではないでしょう。


日本各地に定着している伝統野菜も、原産地は遠く離れた国であることが多いです。トウガラシやナスの仲間は南米から、大根やカブの仲間はヨーロッパから、いつか誰かの手によって種は長い年月をかけ旅をしてやってきたのです。

いつか誰かが僕たちに残してくれた種があるならば、僕たちも次世代へ種をつないでいこう。奈良県以外、日本以外でつくられた野菜が、あらたに清澄の里に定着し、食文化とともに受け継がれていけば、未来の伝統野菜になるかもしれない。そんなワクワク感に満ちた試みを「エアルームプロジェクト」と名付けています。そんな思いから僕たちは、個性的なエアルーム野菜をこれまでに300種ほど試験栽培してきました。

うまくこの地に根付かなかったり、またうまく収穫できても皆の嗜好に合わずに淘汰された野菜もたくさんありますが、現在、種を採りながら清澄の里で育てられているエアルーム野菜は50種以上あります。このプロジェクトのコンセプトは、「不易流行」。いつまでも変化しない本質的なものを忘れず、さらに新しく変化を重ねているものを取り入れていく。

そのことが過去と未来をつないでゆく今を生きる者の役割だと思っています。


ここで興味深いエピソードをひとつ紹介したいと思います。奈良が全国一のシェアを誇るスイカの種、その基礎となった大和西瓜の礎を築く巽権治郎さんの物語です。奈良では明治のはじめに、綿に替わる換金作物としてスイカの栽培が始まりました。最初に奈良県で栽培されていたスイカは天理市周辺に和歌山県より持ち込まれた果実の大きな「紀州西瓜」と呼ばれるもので、この品種は着果の数も少なく、品質も良くなかったと記録されています。

そして明治になるとその後のスイカの歴史に大きな影響を与えた、ひとりの人物が登場することとなりました。山辺郡稲葉村（もとは天理市）に生まれた巽権治郎さんは、農業の副業として、その当時、奈良盆地の中心部である安堵《あんど》や川西の村々で盛んに生産されていた灯芯（ろうそくの芯）を仕入れ、遠く尾張や三河まで行商に出かけていました。

そんなある夏の日に行商先の三河の国（愛知県）の農家で休憩した時に、その家の主人から勧められたスイカが鮮やかな紅色と美味であったため、自身が食したスイカの種を50粒ほど小袋に入れて持ち帰ったそうです。

自身が農業を営み、行商を通して得た新しい情報を自身の郷里に取り入れたいとひらめいた巽権治郎さんの心を想像すると、胸が躍るような気持ちだったのではなかったでしょうか。

村に戻った巽権治郎さんは、早速その種を蒔き7、8年にわたって試作を重ねて栽培法を研究したといいます。そうして「権治《ごんじ》西瓜」が誕生し、それは瞬く間に大和盆地の各地に広がり、一時代を築くこととなりました。

その後、奈良の気候風土に適応して各地で栽培されていた権治西瓜と、明治35年に県の技術センターがアメリカから導入した「アイスクリーム」という品種とが自然交雑することで世に言う「大和西瓜」が誕生したのです。いま僕たちが食べているスイカのほとんどが、大和西瓜の系統です。

受け継ぐ文化と創造する文化、その両方の視点が大切だということを、大和西瓜誕生の物語から教えられました。

家族野菜の種を蒔こう

約10年前、奈良のブランド苺「アスカルビー」の生みの親として知られる故木村雅行さん(元奈良県農業試験場場長)から聞かせていただいたことに、「京の雅に対して奈良の鄙《ひな》び」「京野菜は売る野菜、大和の野菜は自ら育てて自らが食す野菜」という言葉があります。

京野菜も大和伝統野菜も同じ伝統野菜ですが、ブランド野菜の先鞭をつけることによって商業的成功のひな形とされる京野菜と比較すると、大和伝統野菜は家族野菜として細々とつくり継がれてきたものがほとんどです。全国の伝統野菜ブームにはブランド野菜をめざす取り組みが多く見受けられますが、木村さんの言葉が表すように大和の野菜にはブランド志向とはまた異なる魅力があるのではないかと思っています。

昭和38年の農業基本法制定を経て、自然と調和しながら作物を育ててきた日本の百姓仕事は効率を重視した工業的な農業へと転換していくこととなりました。その間の経済発展の恩恵を得て僕たちの生活は利便性を増し、豊富な輸入食材にも囲まれることになります。時は巡り物質的に豊かになった日本では、その間に失いつつあった食文化や伝統工芸、伝統文化といったさまざまな分野において、かつて当たり前であったもの、知らず知らずに見失いつつあった家族や地域のつながり、日本文化の価値観、知恵が見直され始めています。

「ちいさな農業」と「伝統野菜の保存活動」への関心が全国各地で高まりつつあります。こういった広がりはまだまだトレンド未満のムーブメントですが、少しずつ機が熟してきたのではないかと感じています。

「スローライフ」という言葉に表されるように、右肩上がりの時代に失われた価値観や文化を、右肩下がりの現代に取り戻す時代。大和伝統野菜の物語に耳を傾けながら、大切な家族の笑顔のために、そして未来世代のために、家族野菜の種播きを始めたいと思っています。

4　懐かしく新しい未来の暮らし

伝統野菜の種を探し、その在り方や存在を探るうちに、まるでその宝に寄り添うように、種とともに地域に残り、ひっそりと受け継がれていたのは、日本が誇るべき、いにしえの文化や知恵だということに気が付きました。

たとえば、江戸時代の文化のすばらしさはよく知られています。

現代に脈々と受け継がれている生活文化が確立されていながら、同時にそこには、100％循環型の社会がありました。つまり、食糧だけでなく、綿も麻もワラもイグサも、ありとあらゆるものが、「日本にある種」から育てられ、生まれたもので成り立っていて、すべてが灰になり土に還ることができたのです。

でもそれは決して遠いむかしのおとぎばなしではなく、次々と新しい文明が入ってきても昭和の初期まで日本の各所には、その片鱗がたしかに残っていました。

日本社会の近代化につれ、いつの間にか「貧しい」というイメージを与えられるようになってしまったその暮らしは、果たしてほんとうに貧しかったのでしょうか。

かつての農村では、与えられた自然の中で、食べ物を育て、稲作を中心に地域のひとたちが互いに助け合い、「手間借り」「手間返し」という相互扶助の仕組みが存在し、手間のお礼に手料理がふるまわれていました。そして冠婚葬祭、地域のお祭りなどの伝統芸能で人は絆を深めあって生活文化を楽しんでいました。

イタリアのスローフード、北欧的スローライフ、ブータンのＧＮＨ（国民総幸福論）など、自然と寄り添いながら生活の質を大切にしていく海外の事例が紹介されることが増えてきました。しかし、僕たちの足もとには日本の自然環境を生かしながら生きてきた先人の英知が今もひっそりと、しかし確かに存在しています。それは、そのままのむかしに「戻る」ことではなく、科学の進歩や現代的インフラ整備の恩恵も活用しつつ、「自然に寄り添う」「地域に根ざす」「自給的生活文化」「家族を大切にする」という価値観を大切にした時に見えてくるものなのかもしれません。

これまで、限りある見聞しかもたない僕たちの私見ではありますが、ネイティブアメリカンのコミュニティで出会った「予防福祉」とも言える、家族や地域のなかでいつまでも健やかに暮らすひとびとをきっかけに、かつて日本の農村にもあった豊かな暮らしについて、伝統野菜を通して伝えてきました。

いま、地域福祉、地域づくり、農業振興、伝統工芸、伝統芸能、生物多様性、コミュニティデザインなど、さまざまな取り組みが大きな見地のもと垣根を越えて緩やかに結びついてきています。そのことは環境問題、食糧問題、生きがいの損失、限りない心の病など地球的にも社会的にも大きな課題を抱えて生きている現代の僕たちの世界に、ひとつの希望を与えてくれるのではないでしょうか。

僕たちが大和伝野菜に教えてもらった家族野菜とともにある暮らしのヒント、豊かな食卓を育み、地域を元気にする大切な礎。そのことをはじめて綴ったこの本が、懐かしくて新しい未来の暮らしへ向けて一歩踏み出す方々の、小さな種火になれば幸いです。

種子											塊根				苗						
大和まな	千筋水菜	祝だいこん	きくな	半白きゅうり	まくわうり	ひもとうがらし	紫とうがらし	大和三尺胡瓜	今市カブ	丸なす	大和いも	小しょうが	みょうが	さといも	大和三尺胡瓜	半白きゅうり	まくわうり	ひもとうがらし	紫とうがらし	みずな	丸なす
	○			○		○					○	○				○	○	○	○		
○	○	○	○	○	○	○	○	○	○		○	○		○	○	○	○	○	○		
○	○		○											○		○	○	○	○		
○	○	○		○	○	○			○	○		○		○		○		○		○	
○	○	○	○	○	○	○					○			○		○	○	○		○	○
						○															
	○	○	○								○			○		○	○	○	○		
○	○	○	○	○	○	○					○		○	○		○	○	○	○	○	
○	○	○	○	○	○	○		○	○		○	○	○	○		○	○	○	○	○	
○	○	○	○	○							○			○		○		○	○	○	
○	○	○	○	○	○	○						○	○			○	○	○	○		
	○				○		○										○		○		
					○																
○	○	○	○	○	○	○	○	○	○		○			○		○	○	○	○		
○	○	○	○	○							○	○		○		○	○	○	○	○	
																○		○			
○	○	○	○	○	○	○	○	○	○		○	○		○		○	○	○	○	○	
○	○	○	○	○	○						○					○	○	○	○	○	
○	○	○	○	○	○						○			○		○	○	○	○	○	
○	○	○	○						○		○			○	○	○	○	○	○		○
					○																
○	○	○		○	○	○					○			○		○	○	○	○	○	
○					○				○								○		○		
○	○	○	○	○	○	○		○		○	○	○		○		○	○	○	○	○	○
○	○	○	○	○	○				○			○				○	○	○	○	○	
○	○	○	○	○	○	○	○		○		○	○		○		○	○	○	○		
○	○	○	○	○	○	○	○	○	○			○	○	○							
○									○							○	○	○	○		
				○							○						○				

（資料：日本種苗協会奈良県支部　平成 25 年 7 月）

大和伝統野菜等の種苗取扱店

連絡先 ＼ 扱い品目		
㈲井上植物園	0744-24-5285	橿原市常盤町 136-3
㈲大西武男商店	0743-82-0523	奈良市都祁白石町 387
奥村種苗園	0744-33-5071	磯城郡田原本町法貴寺 595
橿原農園	0744-22-3860	橿原市北八木町 1 丁目 1-43
鎌田種苗園	0747-22-2278	五條市野原西 1 丁目 7-2
㈱神田育種農場	0744-22-2603	橿原市新賀町 262
キトウ農園	0745-52-0620	大和高田市旭南町 6-13
木村種苗園	0745-72-2366	北葛城郡王寺町久度 2 丁目 10-1
郡山種苗園	0743-52-2750	大和郡山市今井町 2
㈱澤田農園	0743-66-0221	天理市柳本町 1093
龍口種苗店	0743-65-0026	天理市櫟本町 855
㈲奈良アグリ	0743-56-2737	大和郡山市櫟枝町 63-1
奈良育種研究農場	0744-42-3850	桜井市東新堂 260
ナント種苗㈱	0744-22-3351	橿原市南八木町 2 丁目 6-4
西村園芸	0744-22-6969	橿原市北八木町 3 丁目 65-13
㈱花の大和	0743-64-3111	天理市嘉幡町 655
フカセ種苗㈱	0743-64-1931	天理市庵治町 224-1
ふるかわ園芸	0744-52-3947	高市郡高取町兵庫 71
前田種苗園	0745-62-3237	御所市御国通 1-78-5
マスダ種苗	0744-26-6600	橿原市川西町 54-1
㈱松井農園	0744-32-2035	磯城郡田原本町秦庄 272
マルヒロ園芸	0745-83-2722	宇陀市大宇陀区拾生 1156-1
モリイ種苗	0743-73-3119	生駒市北新町 9-9
山口種苗㈱	0742-22-6827	奈良市般若寺町 229
ヤマダ種苗園芸	0743-53-5558	大和郡山市上三橋町 9-1
大和園芸店	0744-32-4553	磯城郡田原本町千代 383
㈱大和農園（種苗販売部）	0743-62-1183	天理市平等坊町 110
吉川種苗園	0745-44-0156	磯城郡三宅町伴堂 595
ワクダ種苗	0745-53-2927	大和高田市秋吉 149-5

注）・このリストに掲載させれていない品種は農家の自家採取により栽培されており、種の商業流通はありません。
・野菜の名称が、本文で用いているものと異なる場合があります。

おわりに

「大和の伝統野菜を受け継ぐ種火となれるように」

そんな思いで僕たち夫婦の夢以外に何もないところからスタートした歩みは、今年20年を迎えました。

本書でも紹介したように、数えきれないほど多くの人たちとのご縁と幸運に恵まれ、今の僕たちのプロジェクトは存在しています。そして気が付けば、たくさんの物語のつまった種たちが僕たちの手のなかに握られることになりました。

そして今、機は重なり山形在来野菜をテーマにした映画「よみがえりのレシピ」に代表されるように、在来作物の種が静かに注目をあつめています。日本の農業はＴＰＰ（環太平洋経済連携協定）による大きな転換期を迎えていますが、同時に「スローライフ」「ロハス」「自産自消」「半農半Ｘ」といった時流のキーワードに表わされるように、ちいさな農を暮らしのなかに求める人も増えてきました。そんな時代の中で、家族野菜のエッセンスが活用され、各地でその可能性が芽吹き始めることを願ってやみません。

おそらく僕たちの世代は、日本の農村文化を体現してこられた方々とつながりが持てる最後の世代となるでしょう。農家の皆さんに教わった大切なこと。それは古《いにしえ》の大和を、日本の文化を訪ねる入口でもあります。残る半生はその種火を、大切に守り育てていきたいと思っています。一粒万倍の実りをもたらす粟のように。

最後になりましたが、「家族野菜」という新しいコンセプトを世に送り出す冒険に付き合ってくださった学芸出版社および編集者の中木保代さん。タイトなスケジュールにもかかわらず構成を担当してくださった同志の高橋マキさん。野菜の魅力を最大限に引きだしてくださったデザイナーの寶諸陽子さん、温かい装画イラストを描いてくださったｄａｎｎｙさん、素晴らしい写真を提供してくださった平岡雅之さん、池田麻里さん。素敵なイラストを担当してくださった榎森彰子さん。僕たち夫婦を育み、いつも応援してくれる家族と清澄の里の皆さん。そして大和伝統野菜の素晴らしさを教えてくださった農家の皆さんに、この場をお借りして感謝の気持ちをお伝えしたいと思います。

三浦雅之・陽子

三浦雅之（みうら まさゆき） 1970年生まれ。京都府舞鶴市出身。
三浦陽子（みうら ようこ） 1968年生まれ。奈良県東吉野村出身。
1998年より奈良市近郊の中山間地である清澄の里をメインフィールドに奈良県内の在来作物の調査研究、栽培保存に取り組む。2002年に大和伝統野菜を食材とした農家レストラン清澄の里「粟」を、そして2009年には奈良町に姉妹店となる、粟ならまち店をオープン。株式会社粟、NPO法人清澄の村、五ヶ谷営農協議会を連携共同させた六次産業によるソーシャルビジネス「Project 粟」を展開している。

構成：高橋マキ
野菜イラスト：榎森彰子（画家／なら三原色の会主宰）
写真
平岡雅之（水門会会員）：p10右上、11、18-20、55、76右、77左、82、83、98上、119-120、122
池田麻里（池田麻里写真事務所）：p6、8、9上、14、15、110、112-116、165、175

参考文献：「大和彩食館〜大和の野菜に魅せられて」『あかい奈良』37〜44号、
奈良県農林部マーケティング課『平成21年度「大和伝統野菜」調査推進事業—大和伝統野菜調査報告書』

家族野菜を未来につなぐ
レストラン「粟」がめざすもの

2013年9月1日 第1版第1刷発行

著　者…………三浦雅之・三浦陽子
（構成：高橋マキ）
発行者…………京極迪宏
発行所…………株式会社学芸出版社
京都市下京区木津屋橋通西洞院東入
電話 075－343－0811 〒600－8216
装丁・デザイン…TAU GRAPHIC
カバーイラスト…danny
印　刷…………オスカーヤマト印刷
製　本…………山崎紙工

ISBN 978－4－7615－1331－3